체질을 알면 1등 교육이 보인다

체질을 알면
1등 교육이 보인다

김달래(김달래 한의원 원장) 지음

중앙생활사

머리말

 부모가 지식과 지혜가 많아도 자녀의 인생을 책임질 수는 없다. 부모가 규범을 몸소 실천으로 보여줘도 아이가 이를 따라 하지 않고, 몸을 제대로 보살피지 않으면 어쩔 수가 없는 법이다. 그래서 사상의학을 창시한 동무 이제마는 말했다.
 "부모가 되어 자식을 가르치지 않는 것은 부모의 죄이고, 가르치면서 상세히 일러주지 않는 것도 부모의 죄이다. 죄를 면하는 방법은 자세하게 가르치는 것이다. 가르친 다음에는 성공하거나 실패하거나, 이익이 되거나 손해를 입었다고 할지라도 부모가 알 바는 아니다."
 우리나라 부모들은 유난히 높은 교육열을 가지고 있다. 하지만 자녀의 학습능력에 막연한 기대심을 가진다거나 남이 하는 것을 그대로 따라 한다고 해서 그 결과가 좋을 수는 없다. 또한 아이의 건강도 마찬가지다. 첨단 의학과 풍족한 의식주 때문에 겉은 멀쩡하지만, 몸 안으로는 문제가 있는 아이들이 많다. 그리고 사회가 복잡해지고 환경이 바뀌면서 몸뿐만 아니라 정서적으로 고통을 받는 경우도 있다.
 사상의학은 몸과 마음을 동시에 다스릴 수 있기 때문에 풍요 속에 빈곤으로 자라는 요즈음 아이들에게 꼭 맞는 의학이다. 그러므로 내 아이를 잘 가르치기 위해서는 아이의 체질부터 알아야 한다. 아이의 체질특성으로 인해 생활습관에 문제가 나타나고 여러 가지 증상과 질병이 발생하는 것인데, 부모가 이것을 이해하지 못하고 부모의 기준으로 판단해서 고치려고 노력하면 할수록 아이는 점점 문제투성이로 보일 수밖에 없다.

체질은 태어나면서 정해지는 것이지만, 엄마와 아빠의 유전적 특성을 물려받기 때문에 아이의 현재와 미래 그리고 인간관계에 큰 영향을 끼친다. 그래서 사상의학은 생활방식과 인간관계의 문제에 대해 일정한 법칙을 제시한다.

따라서 부모가 체질특성을 공부하고 올바른 가르침을 줄 때 아이는 비로소 바른 길을 갈 수 있다. 특히 성장기에 중요한 음식 섭취를 음식궁합에 맞게 조절해 주고, 체질별 맞춤식 학습법을 심어준다면 아이는 하루가 다르게 변할 것이다. 그리고 엄마와 체질이 달라서 고생하는 아이의 마음을 이해하기 시작하면서 아이와의 잃어버린 돈독한 관계를 다시 찾을 수 있을 것이다.

잠실동 연구실에서 김달래

※ 이 책은 〈EBS 60분 부모〉에 출연해서 아이의 체질특성과 교육방법에 대해 강연했던 자료를 정리하고, 방송에서 다하지 못했던 부분을 보완한 것이다.

Contents

머리말

Chapter 1
공부의 핵심은 체질이다

01
사상체질의
이해

- **태양인** 15
  보기 드문 체질 태양인 15
  태양인은 생각이 크고 진취적이다 17
- **태음인** 18
  생각하는 부처님 태음인 18
  태음인은 적응력이 뛰어나다 21
- **소양인** 22
  멋을 잘 내는 소양인 22
  소양인은 말과 행동이 빠르다 25
- **소음인** 26
  부드럽고 온순한 소음인 26
  소음인은 감성이 풍부하다 27
- **체질판정** 28

02
아이들의 체질특성

- **태양인 아이** 32
  - 바른 교육이 필요한 아이 32
  - 태양인 아이의 심리 34
  - 억지를 싫어하는 아이 35
  - 사소한 것에 목숨 걸지 않는다 36
  - 태양인은 몽상가 38
  - 공부에 취미가 없는 태양인 42
  - 건강관리 조언 44
  - 대인관계 46

- **태음인 아이** 48
  - 고집이 센 아이 48
  - 아는 것이 병이다 49
  - 알면서도 정리가 되지 않는 아이 52
  - 성취하는 과정의 즐거움을 느끼게 한다 55
  - 적응하는 데 시간이 필요한 아이 57
  - 건강관리 조언 57
  - 대인관계 60

- **소양인 아이** 62
  - 소양인 아이의 생활 62
  - 소양인 아이의 시간개념 64
  - 두 마리 토끼를 다 잡을 수는 없다 65
  - 아는 것이 힘이다 67
  - 곤경에 처했을 때 해결책 68
  - 건강관리 조언 70
  - 대인관계 73

- **소음인 아이** 74
  - 논리적인 소음인 아이 74
  - 학습은 흥미를 가지는 것 위주로 조급하지 않게 76
  - 일관성이 없는 산만한 교육은 금물 77
  - 소음인의 나태함은 최대의 단점 82
  - 올바른 사회성을 길러야 한다 84
  - 건강관리 조언 86
  - 대인관계 89

03 미래를 바꾸는 체질궁합

- 소양인 엄마와 태음인 아이 94
- 소음인 엄마와 태음인 아이 96
- 태음인 엄마와 태음인 아이 98
- 태음인 엄마와 소양인 아이 99
- 소음인 엄마와 소양인 아이 100
- 소양인 엄마와 소양인 아이 101
- 태음인 엄마와 소음인 아이 103
- 소양인 엄마와 소음인 아이 106
- 소음인 엄마와 소음인 아이 108
- 태양인 엄마와 아이 110

04 성적을 올리는 체질궁합

- 태음인 아이와 소양인 선생님 114
- 소양인 아이와 소음인 선생님 116
- 소음인 아이와 태음인 선생님 117
- 태양인 아이와 태음인 선생님 120

05 친한 친구의 체질을 파악하라

- 유유상종으로 모이는 체질 123
- 도움이 되는 이성 친구 125

06 아이 체질과 운동

- 내 아이 체질별로 어떤 운동이 어울릴까? 128
- 내 아이 성격별로 어떤 운동이 어울릴까? 133
- 내 아이 체격별로 어떤 운동이 어울릴까? 134

Chapter 2 수험생의 건강관리

01 시험날을 앞두고

- 수험생들에게 찾아오는 질병 관리 139
  감기 | 두통 | 복통 | 요통
- 바른 자세 140
- 음식 섭취 140
- 수면 141
- 뇌 활동에 좋은 풍지혈 지압법 141

02 체질과 보약

- 갑돌이에겐 명약이 을식이에겐 독약 144
- 모든 사람에게 좋은 약은 없다 145

03 음식의 선택

- 태양인은 해산물이 좋다 150
- 태음인은 지나친 육식은 피한다 152
- 소양인은 시원하고 담백한 음식이 맞다 154
- 소음인은 열을 보강하는 음식이 맞다 156

04 생식과 선식

- 생식으로 도움을 받을 수 있는 사람 159
- 생식을 하지 말아야 되는 사람 160
- 선식의 장단점 161

Chapter 3
건강이 최고다

01 건강과 체질
- 체질별로 조심해야 할 질병 167
  - 태양인이 걸리기 쉬운 질병 167
  - 태음인이 걸리기 쉬운 질병 168
  - 소양인이 걸리기 쉬운 질병 169
  - 소음인이 걸리기 쉬운 질병 171
- 체질 개선 처방 173
  - 태양인 처방 | 태음인 처방 | 소양인 처방 | 소음인 처방

02 밥 안 먹는 아이
- 체질에 맞는 식습관 178
- 식습관이 중요한 소음인 아이 181

03 감기를 달고 사는 아이
- 체질별 감기 관리 184
  - 태양인 | 태음인 | 소양인 | 소음인
- 어릴수록 잘 다스려야 하는 감기 187

04 잠 안 자는 아이
- 체질에 따라 다른 잠의 습관 193
- 잠을 잘 자야 성적이 오른다 195
- 체력이 좋아야 잠을 잘 잔다 198

05 땀 많은 아이
- 체질별 땀 치료 201
- 손발바닥 땀에 좋은 계수나무 202

06 알레르기 체질

- 체질별 알레르기·아토피 질환의 이해 206
  태양인 | 태음인 | 소양인 | 소음인

- 음식 조절법 209
  육류섭취를 줄여라 209
  자극이 강한 향신료를 줄여라 210
  다양한 산나물과 야채를 먹어라 210
  생식도 필요한 체질이 있다 211

- 알레르기와 생활 212

- 알레르기성 비염 213

- 아토피성 피부염(태열) 215
  체질 따라 침 자료와 약물 치료 215
  송민우 군 사례 218

- 두드러기 220

- 천식 222

- 알레르기성 기관지염 225

07 아이 체질과 키

- 여자아이 키 키우기 232
- 남자아이 키 키우기 232

Chapter 1

사상체질의 이해 / 아이들의 체질특성

미래를 바꾸는 체질궁합 / 성적을 올리는 체질궁합

친한 친구의 체질을 파악하라 / 아이 체질과 운동

Chapter 1

공부의 핵심은 체질이다

01
사상체질의 이해

동무 이제마는 사람의 체질은 선천적으로 부모 뱃속에서 이미 결정된다고 말했다. 그리고 태양인, 소양인, 태음인, 소음인 이외의 체질은 있을 수가 없다고 했다.

어느 날 한 제자가 이제마에게 물었다.

"스승님, 사상체질이 있다면 오상체질도 있고 팔상체질도 있을 수 있지 않습니까?"

그러자 이제마는 크게 화를 내며 말했다.

"나는 사상인 외에는 본 일도 없고 또 있을 수도 없다. 태양인, 소양인, 태음인, 소음인의 사상체질에서 오장육부의 크기가 다른 것은 부모에게서 태어날 때 이미 정해진 것으로서 이것은 논쟁거리의 대상이 아니다(人之臟腑局長短은 陰陽之變化요, 天裏之己定은 固無論)."

임신 중에 어머니가 화를 자주 내거나 슬퍼하는 일이 많으면 태양인, 소양인과 같은 양적인 기운이 많은 체질의 아이가 태어나고, 즐거워하고 기뻐하는 일이 많으면 태음인, 소음인과 같은 음적인 기운이 많은 체질의 어린아이가 태어난다. 이러한 사상체질은 죽을 때가지 변하지 않는다.

사상체질의 판별은 그 사람의 타고난 성품과 행동을 철저히 이해하는 바탕 위에서 가능하다. 병법에서 '나를 알고 남을 알면 백전백승'이라고 하는데 이때 '나를 안다'는 것은 바로 자신의 장점과 약점을 기본으로 상대방의 허점을 알아내고 공격하여 싸울 때마다 이기는 것이다.

동무 이제마가 병법에 관한 책을 썼던 강태공, 손무, 황석공, 사마양저, 오기에 대해 관심을 갖고 체질판별을 한 것도 이런 점을 중시했기 때문이다.

태양인

보기 드문 체질 태양인

태양인 가운데 몸이 약한 사람은 말(馬)처럼 걷는다. 태양인 가운데 제대로 공부하지 못한 사람은 방종이 지나쳐서 안하무인이고, 일에 착오가 있어도 후회하지 않는다. 태양인 가운데 힘이 좋은 사람은 대부분 눈에서 광채가 나고, 이성에 대하여 조금도 망설이지 않고 꽤 대범하다.

태양인 남성은 이성에게 관심이 많지만 너무 지나치지는 않는다. 일부는 아주 뛰어난 기질을 발휘하고, 또한 꼿꼿한 장수의 기질을 갖기도 한다. 피부색은 백색이다. 성격이 강경한 태양인 남자는 대부분 눈자위가 노랗고,

머리카락이 노랗고 윤기가 흐른다. 간혹 수염이 자라지 않거나 수염이 아주 조금밖에 자라지 않기도 한다. 태양인 여성은 간장 기능이 약하고 자궁의 발육이 부진한다. 태양인 여성은 어릴 때부터 남자아이들과 같이 뛰어노는 것을 좋아한다.

태양인은 허리와 발끝에 힘이 없다. 연애문제에 있어서 여성은 연애를 잘하는데, 남성은 우둔하지는 않지만 수완이 없어서 원해도 얻지 못한다. 이것은 꼿꼿한 소나무는 서로 등을 돌리는 것과 같다. 태양인 남성은 대부분 지나치게 고지식하고 변화에 적응하지 못하는 특성이 있어서 답답하게 보이고, 사소한 일에서 행복을 추구하기보다 항상 큰 것에 가치를 두는 특성으로 인해 가까운 사람과 사적인 담소를 나누면서 친분을 두터이 하지 않기 때문에 여성들과는 소원한 점이 있다.

일반적으로 태양인 남성은 쉽게 방광염에 걸릴 수 있고, 태양인 여성은 부종이나 요통에 시달리는 경우가 많다. 태양인 남성은 매일 잠자리에 들기 전에 따뜻한 물로 다리를 씻고, 매일 아침 일찍 책을 보는 것이 가장 유익하다. 태양인 여성은 엄격히 규칙을 지키고 거리를 함부로 돌아다니지 않도록 해야 한다.

태양인 체질은 앞으로 나갈 줄만 알지 후퇴를 모르며, 남성적 것을 추구하며 여성적인 것을 싫어한다. 따라서 태양인 가운데 힘이 좋은 사람은 짧고 굵고 화끈하게 삶을 살아가려고 한다. 그렇다 보니 과장이 심하고 과격해질 수 있으며 인생살이의 앞부분보다 뒤끝이 불행해지는 경우가 많다. 태양인은 10,000명의 인구를 기준으로 3~4명 정도이며 많아야 10명이며, 전체 인구 가운데 0.1% 미만이다 보니 실제로 만나기 힘든 체질이다.

태양인은 다른 사람과의 관계에 있어서도 사소한 것들은 무시해 버리고 큼직큼직한 사안들만 관계하기 때문에 까다롭지 않고 시원시원하다. 그렇다 보니 일반인들이 행복으로 생각하고 소중하게 여기는 일상생활의 보람에 대해서는 가치를 두지 않는다. 남녀 사이에서 '오직 당신만을 사랑해!' 하는 것은 있을 수가 없다. 어느 한곳에 정착하지 못하고 이곳저곳을 떠돌아다니며 살아간다.

태양인은 조금씩 돈을 모아가는 '티끌모아 태산'의 원리보다는 일확천금의 기대에 들떠 있다. 그래서 발명가나 예술가 등에 많고, 어릴 때부터 가정교육이 좋은 경우에는 전문직에 종사하는 사람이 많다.

태양인은 생각이 크고 진취적이다

태양인 체질의 소유자는 조직과 규율을 중시하는 현대사회의 회사에는 맞지가 않다. 서류와 자기관리를 통해서 실수를 용납하지 않는 조직생리에 적응하지 못한다. 태양인 공자가 자기 이상을 실현할 수 있도록 기회를 준다면 그 사람이 어떤 인물이든지를 묻지 않겠다고 말한 것과 같은 이유이다.

태양인은 다른 사람들이 생각하지 못하는 면에 대해서 기발한 창의력이 샘솟듯 표출되기 때문에 발명가나 예술가 등 창조적인 작업을 하는 계통에서 권위자가 되기도 한다. 그러나 세상의 규제를 과감히 뛰어넘지 못하면 환경에 지배되어 하늘을 뒤덮을 기상을 삭이며 자연스럽게 도태되어 술이나 망상으로 살아가기도 한다.

태양인 여성의 경우 자기 남편에게만 얽매여 있기보다는 다른 남성과도 친구가 되며 스스럼이 없다. 윤리도덕적인 기준보다는 가슴속에 품은 사상이 워낙 크다 보니 이런 가치관을 무시하기 쉽다. 여성으로 태어나 부드러움과 아름다움을 지키기보다는 털털한 성격으로 주위의 남성들보다도 더 적극적이고 진취적인 사고와 행동을 드러낸다.

태음인

생각하는 부처님 태음인

태음인 가운데 몸이 약한 사람은 소(牛)처럼 걷는다. 태음인 가운데 생각이 치밀한 사람은 자기의 이익을 이것저것 따지고, 계략을 잘 짜낸다. 또한 태음인 가운데 몸에 열이 많은 사람은 흥분하면 쉽게 피가 끓어오르기 때문에 원인을 고려하지 않고 상황을 어렵게 만들 수 있다. 언행이 바른 태음인은 규칙을 잘 지키고 예의가 바르다. 또한 부끄럼을 많이 타고 다른 사람을 비방하거나 중상모략하지 않는다.

일부 태음인은 심리적으로 불안정하여 불면증이 있거나 꿈을 많이 꾸는 경우가 있는데, 이런 사람은 다른 사람의 입장을 잘 살피지 않고, 자신의 마음대로 일을 저질러서 항상 소양인의 놀림거리가 되기도 한다. 하지만 태음인의 계획이나 모략은 소양인을 압도한다.

태음인 가운데 많이 먹지 않는데도 불구하고 살이 잘 찌는 사람은 혈액이 탁해져서 전신혈액순환에 장애가 발생할 수도 있다. 이런 사람은 심폐 기능이 약해서 피로를 많이 느끼게 되고, 운동을 게을리하게 되면 중년 이후에 대사증후군에 잘 걸리게 된다. 그러므로 태음인 가운데 심리적으로 불안한 사람은 매일 아침 일찍 일어나 잡념을 없애고 두 눈을 안정시키고, 팔다리를 움직여, 혈액순환을 원활히 하여 폐의 기능을 회복하고 촉진시켜 건강을 누리도록 해야 한다.

태음인이 만약 밤늦게까지 일을 한다면 두 눈이 흐릿한 감이 있고, 머리가 터질 것 같고, 가슴이 답답해지고 속에서 열이 끓어오르기 쉽다. 태음인 가운데 몸에 열이 많은 사람은 추위는 잘 참지만 더위는 못 견딘다. 이렇게 열이 많은 태음인은 일반적으로 허리가 건장하고, 살집이 발달하고, 담대하여 후덕하고 도량이 있고 소화기관도 튼튼하다.

그러나 태음인 가운데 생활환경의 영향을 받아서 본래의 성품이 변하면 음험하고 교활하게 된다. 임상적으로 태음인 가운데 추위를 많이 타는 사람은 변화무쌍하므로 의료 행위 시 마땅히 명심해야 한다.

태음인 체질은 생각하는 부처님과 같다. 그 속에 무슨 생각이 들어 있는지 다른 사람이 알 수가 없고, 한 번 행동하기 위해서 100번, 1,000번 생각해야 한다. 돌다리도 두드려보고 건너며 한 마디 말을 하기 위해서도 수십 번 생각한 뒤에 첫마디를 꺼낸다. 첫마디를 꺼내면서도 또 한 번 망설이기 때문에 경우에 따라서는 그 말조차 삼켜버린다. 따라서 움직이기를 싫어하는 특성이 있다.

태음인 가운데 언행이 치밀한 사람은 어떤 직종에 종사하더라도 자기의 위치와 역할을 잘 알고 있다. 그렇기 때문에 권한을 넘어서서 윗사람의 미움을 받는 행동을 하지는 않는다. 다른 사람이 가지 않은 길은 가지를 않고 위험한 것은 하지를 못한다. 그러나 욕심은 끝이 없다. 그것이 음식이건,

돈이건, 지식이건, 명예이건 간에 지나친 욕심 때문에 결국 스스로를 힘들게 한다.

태음인 가운데 생활이 바르고 항상 자신을 점검하는 사람은 목표를 설정하고 끝까지 성공시키려는 의지와 신념이 투철하다. 그래서 결국 성취감을 맛보게 된다. 대외적으로 잘 보이기보다는 실속 챙기기를 좋아하기 때문에 필요한 경우에는 진실한 마음을 내보이지 않는다. 또 생각을 많이 하기 때문에 우물쭈물하는 경우가 많은 것도 어떤 면에서 보면 욕심이 많아서 실수하기를 두려워하는 성격 때문이다.

태음인은 적응력이 뛰어나다

태음인 가운데 교육을 많이 받은 사람은 생각이 깊다. 그래서 행동에 실수가 없고 항상 계산적이다. 즉흥적인 사람과 경쟁하면 언제나 이길 수 있고, 이런 행동을 바탕으로 모든 것을 끌어 모을 수 있다. 술을 마실 때 태음인의 특성이 잘 드러난다. 술을 마시면 평소에 기운이 약해서 조용하고 말이 없던 사람도 술기운을 빌어 마음속의 얘기를 다 토해낸다. 따라서 태음인 가운데 몸이 찬 사람은 술을 조금씩 마시는 것이 좋다.

태음인 가운데 감각이 예민한 사람은 음식이나 먹는 것에 뛰어난 점이 있다. 그래서 미식가가 많고 음식 만들기를 좋아하며, 요리사나 주방장이 잘 어울린다. 이들은 음식 가운데서는 단음식을 좋아한다. 단맛은 채소보다 육류에 많고 이런 이유로 육류를 즐긴다.

태음인 가운데 심리적으로 불안정한 사람은 강한 사람에게 약하고 약한 사람에게 강하다. 다른 사람의 약점을 잘 파악하기 때문에 처음보다는 나중에 성공할 수 있다. 이들은 서두르지 않는다. 그래서 항상 무슨 생각을 하고 있으며 그런 생각들을 즐긴다. 운동을 하더라도 경쟁을 하고 공부를 하더라도 경쟁을 하며, 모든 일에서 승부욕을 불태우는 것도 생각이 많기 때문이다. 이런 생각 때문에 항상 두려움이 마음속에 남아 있게 되고, 일이 잘 풀리지 않으면 겁이 많아서 가슴이 두근거리고 답답해진다.

태음인 가운데 세밀한 사람은 다른 사람을 믿지 않는다. 항상 비교하고 분석하고 미래에 대비한다. 그래서 이런 사람들은 따지기를 좋아하고 논리적이며 위엄이 있어 보인다. 이들은 형식을 좋아하여 여러 가지 제도를 만들고 기록하기를 좋아한다.

이런 특성 때문에 태음인 가운데 논리적인 사람은 정치가, 사업가, 해설자에 많다. 이들은 표정이 풍부하고 내면세계를 밖으로 들어내지 않는 특성 때문에 어떤 직업에도 잘 어울린다. 우리나라 인구 가운데 50%가 태음인이다. 그만큼 적응력이 뛰어나다는 것을 나타낸다.

소양인

멋을 잘 내는 소양인

소양인 가운데 감정 표현이 분명한 사람은 말을 조심해야 한다. 그래서 고양이나, 호랑이와 같이 강인한 인상을 풍기는 동물을 연상하게 한다. 소양인 가운데 몸이 약한 사람은 당나귀처럼 걷는다. 그들은 다른 사람과 사귀는 수완이 뛰어나고 사람들과 말하는 것과 안색을 잘 살피기 때문에 마치 바람에 움직이는 배를 보는 것 같다. 소양인은 손재주가 있고, 팔다리의 움직임이 원숭이의 동작처럼 민첩하다. 또한 허리에 힘이 없고, 체구가 왜소하고 허풍이 심하다.

소양인 여성은 정리하고 치장하는 것을 좋아한다. 머리에서 발끝까지, 모르고 지나칠 수 있는 옷자락 치맛주름까지 모두 열심히 고르고 치장한다. 하지만 다른 사람들의 눈에 띄지 않는 양말은 마치 자기의 것이 아닌 것처럼 관리하지 않는다. 소양인 남성도 이와 마찬가지다. 그들은 자기 집을 먼지 하나 없이 깨끗하게 관리하기도 한다. 그러나 침대 밑이나 옷장 밑은 건성건성 청소하기도 한다.

소양인 가운데 화(火)가 많은 사람은 외부가 아주 강건하다. 그래서 무리를 하다보면 감기나 몸살에 자주 걸리고, 또 금방 낫곤 한다. 이들은 허리 윗부분에 열이 많고 다리에 힘이 없다.

소양인 남성은 신수(腎水)가 부족하다. 소양인 가운데 생각이 치밀한 사람은 '천재적인 연기자'라고 부를 수 있다. 임상적으로 소양인 가운데 힘이 없는 사람은 위축성위염, 담낭염, 요독증, 중풍 등의 질병에 자주 걸린다. 평소에는 위장병, 소화장애, 건선이나 알레르기성 피부염과 같은 피부 질환, 요통, 방광염 등의 병에 자주 걸린다.

소양인은 일 벌리기를 좋아한다. 어떤 임무를 주더라도 몸을 아끼지 않고 몰두한다. 개인적인 일보다 공적인 일을 할 때면 자신의 모든 것을 투자한다. 그래서 지극히 공평무사하다. 자기 것만 챙기는 소음인, 태음인의 음적인 체질보다 공평성이 보장된다. 비록 아무런 이득이 없다고 할지라도 공명정대하게 일을 한다. 그러나 어떤 일에 대해서도 끝까지 마무리를 짓지 못하는 경우가 많다. 처음에는 그렇게도 일에 빠져 있지만 웬만큼 일이 굴러가기만 하면 이미 흥미를 잃어버리고 다른 일을 구상한다.

　소양인은 서두르는 경우가 많고 몰아치듯이 분위기에 휩쓸린다. 이러한 성품 때문에 다치기가 쉽고 구설수에 오르내린다. 머릿속에 어떤 생각이 떠오르기만 하면 그것을 입 밖으로 내뱉어 버린다. 비록 다른 사람에게 좋은 일을 한다는 생각에서 말을 하더라도 정리되지 않고 조리 있게 말하지 않으면 다른 사람에게 피해를 주는 것은 당연하다. 그래서 소양인 가운데 말이 앞서는 사람은 원래 악한 사람이 아닌데도 따돌림을 당하기 쉽다. 단지 아무 생각 없이 행동하고 말하기 때문이다.

　소양인 가운데 수양이 덜 된 사람은 다른 사람 앞에 나서기를 좋아한다. 다른 사람이 하는 것을 보고 자기 차례를 기다리기 보다는 지레짐작으로 엉뚱한 오해를 받을까봐 미리 나서는 것이다. 그래서 다른 사람이 느릿느릿하게 행동하는 것을 참지 못하고 자신이 나선다. 어려운 일일 때는 다른 사람의 존경을 받겠지만 다른 사람이 체면치레로 나서지 못하는데도 소양인 가운데 맥이 강한 사람은 자꾸 나서기 때문에 시기와 질투를 받을 수 있다.

　소양인에게 비밀은 없다. 이 세상을 살아가면서 비밀이 없으면 좋다. 그러나 털어서 먼지 안 나는 사람이 없는 것을 보면 어느 정도의 비밀은 보장되어야 한다. 그러나 소양인 가운데 생각이 치밀하지 않고 몸이 약하게 되면 비밀을 간직하지 못하고 자꾸 알리고 싶어지며, 때로는 과장해서 표현하기도 한다. 그래서 소양인은 말과 행동에 실수가 많고 다른 사람의 구설수에 자주 오르내리게 된다.

소양인은 말과 행동이 빠르다

　소양인 가운데 심지가 굳지 못한 사람은 집안일에 충실하기보다는 바깥일에 관심이 많다. 밖에서 바라보는 사람들은 100점짜리 배우자일 것이라고 생각하는 데 비해 막상 가까이서 겪어본 사람들은 30점을 넘게 주지 않는다. 집안사람들을 남다르게 챙겨주고 아껴주어야 좋아하는데 모든 사람을 똑같이 대접하다보니 그렇다. 욕심이 그만큼 적다는 표시이기도 하다.

　소양인은 평소 행동에서 절도와 과단성을 좋아하고 숨기는 것을 싫어한다. 그들은 행동이 용감하고 날래며 민첩하여 다른 사람에게 봉사하며 살아간다. 하지만 스스로에게는 엄격하면서 다른 사람에게는 한없이 관대할 때가 많다. 그런 관계로 언행이 시원시원하여 친구가 많은 대신 적도 많다. 자신은 아무런 사심 없이 행동하는데 의외로 다른 사람의 입장을 난처하게 만들 수 있다. 그래서 항상 다른 사람보다 천천히 생각하고 느긋하게 행동해야 한다.

　소양인은 움직임이 너무 빠르다. 생각도 없이 행동이 앞서는 경우도 많다. 그래서 실수가 많고 사과해야 할 일이 많이 생긴다. 그렇다 보니 직업도 한 곳에 느긋하게 있는 것보다는 새로운 곳에 관심이 많기 때문에 자꾸 옮기려 한다. 지금 하는 일보다 다른 일이 더 좋아 보이기 때문이다. 어느 한 직장에 잘 근무하면서도 3~5년이 지나면 좀이 쑤셔서 다른 직장으로 옮기는 경우가 많다. 소양인 가운데 머리는 좋은데 체력이 약한 사람은 어려서는 공부를 잘하지만 학년이 올라갈수록 집중력이 떨어지고 산만해진다. 호기심이 많고 오랫동안 꾸준하게 공부하는 스타일이 아니기 때문이다. 따라서 대기만성을 표어로 삼고 무조건 그 곳에서 파면 크게 성공할 수 있다. 소양인 체질은 지긋하지 못한 성품 때문에 고위공무원, 연구원, 교수 등의 직업군에서 드문 편이다. 반대로 외판원, 영업사원, 중개사, 운전기사 등의 서비스업 종사자가 많은 편이다. 또한 직업군인이나 경찰, 스님, 신부님, 수녀님 등의 자리에서 보람을 느끼는 경우가 많다.

소음인

부드럽고 온순한 소음인

　소음인 가운데 기운이 약한 사람은 상반신의 발육이 부족하고, 하반신의 발육은 정상이다. 소음인 가운데 몸이 약한 사람은 양(羊)처럼 걷는다.
　소음인 가운데 기운이 좋은 사람은 용모가 준수하고, 목소리가 뱃속에서부터 자연스럽게 흘러나와서 이야기가 흥미진진하고 감정이 풍부하다. 이런 소음인은 천성적으로 온순하여 상대방의 의견에 동조하는 의견과 표정을 보인 후에 자신의 감정을 표현한다. 그래서 소음인 여성은 귀부인의 자태처럼, 여성미가 있고, 아주 부유한 집안의 자손과 같다.
　소음인 가운데 몸이 찬 사람은 약간의 병이 있어도 바로 자리에 눕는데, 일반적으로 양기가 적기 때문에 몸을 따뜻하게 하고 기운을 보강하는 법을 써서 인삼이나 홍삼 같은 보약을 쓰면 효과를 볼 수 있다.
　소음인 가운데 근육이 적고 피부가 보드라운 사람은 기운이 약하다. 그래서 어느 한 곳에 머무르기를 좋아하고 옮기는 것을 싫어한다. 그런 까닭으로 내성적이고, 아기자기하고 부드러운 특성을 갖는다. 이런 소음인의 특성 때문에 자신의 감정과 의지를 내세우지 않고 다른 사람의 눈치를 살피면서 살아간다. 모든 사람은 자신의 의견을 받아주는 이런 소음인들을 적으로 여기지 않는다. 그래서 소음인들은 다른 사람의 미움을 사는 일이 없다. 이렇게 다른 사람의 눈치를 살피느라 스스로는 항상 불안하고 조마조마한 상태를 유지한다.

소음인의 이런 성품은 새로운 시도를 하기보다 이제까지 유지하고 있는 상황을 변화시키고 싶어하지 않는다. 그래서 한번 사귄 사람은 끝까지 챙겨주고 잊어버리지 않는다. 또 이런 성품을 바탕으로 어떤 단체, 혈연, 학연 등에 줄대기를 좋아해서 모임이 있으면 빠지지 않는다. 소음인의 이런 특성은 자기 사람 이외에는 믿으려 하지 않고, 자기 가족 이외에는 중요시하지를 않는다. 소음인은 뛰어난 사람보다는 모자라지만 자신이 아는 사람을 더 좋아하기 때문에 대인관계가 넓거나 많지 않고 좁은 편이다. 이런 사람이 고위직에 있으면 밑의 사람은 꼼짝을 못한다. 따라서 소음인 상사를 모시고 살아가려면 부지런히 아부하는 것도 신상에 도움이 된다.

소음인은 감성이 풍부하다

소음인들은 변화를 주도할 힘이 없다. 그저 지금 상태를 유지하고 싶어 한다. 이런 성격 때문에 공무원 사회에 적응하기가 쉽다. 얌전한 이런 성품은 다른 사람과의 관계에 있어 분위기를 주도하지 못하기 때문에 여러 사람을 끌어 모으지 못하고 뒤에서 조용히 응원해 주는 일이 많다. 따라서 힘 있는 사람이 주목받는 사회에서는 성공하기 위해서 적극적으로 스스로를 표현해야 한다.

그렇다 보니 연공서열을 우대하고, 나이와 경력을 중시하는 사회에서는 소음인은 점점 위력을 발휘한다. 이런 조직에서는 얌전하고 내성적인 소음인이 견뎌낼 수가 있고, 어느 정도 지위와 신분이 올라가면 엄청난 변신을 시도할 수가 있다. 하지만 혼자 있기를 좋아하는 특성상 대인관계가 원만하지 않다. 그래서 혼자서 할 수 있는 직업에 종사하는 경우가 많다.

소음인은 감성적이고 예민한 성격 때문에 사물이나 외부의 일에 대한 감성이 풍부하고 미적 감각이 뛰어나다. 그래서 예술가나 소설가 등에 많다.

체질판정

사상체질을 구분하기 위해서는 여러 가지 기준을 참고하는데, 첫 번째가 드러난 몸매와 분위기를 보고, 두 번째가 얼굴 모습, 말투를 평가하고, 세 번째가 성격이나 심리, 재능을 설문지를 이용해서 평가하며, 네 번째가 그 사람의 병증이나 약물반응을 평가해서 최종적으로 체질을 확정한다.

현재 각 대학과 한의학연구원 체질연구팀에서는 적어도 4번 이상의 진료를 통해 체질처방을 30일 이상 투여한 상태에서 뚜렷한 신체증상의 변화가 있어야만 그 처방을 투여한 체질이라고 확진을 하고 있다.

다음 표는 '혼자 할 수 있는 체질감별법'이다. 1번이 많으면 태음인 체질, 2번이 많으면 소음인 체질, 3번이 많으면 소양인 체질, 4번이 많으면 태양인 체질로 판정할 수 있다. 하지만 직접 검사를 받는 것이 아니라 자가진단이므로 그 신뢰성은 50% 전후로 보면 된다.

EBS 60분 부모
Chapter 1 공부의 핵심은 체질이다

[혼자 할 수 있는 체질감별법]

특성	1	2	3	4
땀	많다	없다	잠잘 때 많다	보통이다
물 마시기	좋아한다	싫어한다	보통이다	보통이다
체중	표준 이상	표준 이하	표준	표준
체격	큰편	가늘지만 보통	단단하면서 보통	보통
얼굴	둥근편	갸름하다	날카롭다	눈빛이 유난스럽다
걸음걸이	의젓하다	자연스럽다	몸을 흔든다	성큼성큼 걷는다
성격	속이 응큼하다	여성적이다	즉흥적이다	통이 크다
음식 기호	육식, 밀가루	비린 것 기피	밥만 먹는다	채소가 좋다
음식 습관	얼큰해야 좋다	뜨거워야 좋다	뜨거우면 싫다	해산물이 좋다
목소리	탁하거나 부드럽다	약하거나 조용하다	쉬 높아진다	우렁차고 길다
잠	어디서나 잘 잔다	잠들기 어렵다	일찍 일어난다	일찍 잔다
생활	게으르다	꼬물거린다	부지런하다	남자같다
술	호주가	분위기파	빨리 취한다	주정꾼
대인관계	원만하다	오랜 친구만 좋아한다	잘 해주고 욕 먹는다	한번 만나면 십년 친구
특징	뱃살이 많다	옷을 잘 입는다	생각 없이 행동	긍정적이다
심리	형식을 좋아한다	치밀하고 꼼꼼하다	아부를 못한다	지조가 없다
눈코귀입	눈이 크거나 입술이 두툼하다	눈이 예쁘거나 잘 웃는다	턱이 뾰족하거나 윗입술이 얇다	광대뼈가 크거나 눈빛이 수정같다
말투	더듬거나 천천히 말한다	가끔 한마디하면 딱 부러진다	과장하기 좋아한다	허풍쟁이라 믿지 못한다
몸 상태	눈이 자주 아프다	신경쓰면 입맛이 없다	방귀를 자주 뀐다	굳세고 건강하다
비슷한 사람	최불암, 노태우	황선홍, 김혜자	강성범, 일용엄니	박정희, 홍신자
옛사람	유비, 맹자	제갈공명, 증자	장비, 자사	이태백, 공자
피부	거칠거나 두껍다	보드랍다	매끈하거나 탄력적이다	단단하다
약점	가슴이 두근거림	한숨이 많다	허리가 약하다	잘 토한다
강점	땀흘리면 좋다	소화만 잘 되면 좋다	대변은 꼭 본다	소변이 엄청 잘 나온다
기질	소같다	사슴같다	말같다	호랑이같다
주의할 것	돈	지위	연애	술
사회생활	협상을 잘한다	잘 어루만져 준다	세상의 표준이고자 한다	이런들 어떠하며 저런들 어떠하리
이미지	욕심	무기력	자신만만	자유

필자는 주로 음성을 이용해서 그 사람의 체질특성을 평가한다. 이 방식은 전문가들이 하는 것이므로 일반인이 실생활에서 적용하기 힘든 체질판정법이다.

평가의 정확도를 위해 매우 신중하게 체질판정을 하기 때문에, 한번 딱 보고 나서 어떤 체질이라고 알려주기보다는 여러 번 외래 진료를 통해 확실하다는 기준이 섰을 때 체질을 알려주게 된다. 만약 어떤 애매한 점이 있을 때는 몇 번의 약물투여를 통해 그 효과가 확실하게 나타나야만 어떤 체질이 맞는다고 알려줄 수 있다.

02
아이들의 체질특성

 아이의 체질을 구분할 때 아이의 음성을 들어보면 많은 것을 알 수 있다. 일반적으로 소음인은 음성이 부드럽고 약하며, 목소리가 낮다는 느낌을 준다. 목소리가 부드럽고 귀에 거슬리지 않는 소음인 아이는 맥도 부드럽고, 뼈도 가늘면서 손바닥이나 근육도 상당히 부드러워 악수를 하면 아무런 힘도 주지 않고 살포시 잡아주는 듯하다. 이런 아이들은 자신의 생각을 얘기할 때도 부모님은 물론이고 다른 사람에게도 기분이 불편하지 않게 배려한다.

 목소리가 힘이 있고 빠르면서 전혀 거리낌없이 탁 터져나오는 소음인 아이는 맥이 강하고, 달리기를 잘하고, 뼈가 단단하고 근육도 탄탄해서 손을 잡아보면 억센 느낌이 온다. 이런 아이들은 행동이 민첩하고 기세가 등등해서 가만히 있을 때는 부드러운 모습이지만 발표를 시켜보면 자신의 의견이 확실하고, 상대방의 의견을 충분히 들어주기는 하는데 자신과 의견이 같지 않다면 다양한 근거를 바탕으로 상대방을 설득하려고 한다. 물론 이런 아이도 아무 때나 자신의 의견을 표현하지는 않는다.

한국 사람이 열정적이면서 긍정적인 사고를 갖고 있다는 점은 누구나 공감한다. 미국에 사는 우리 교민들이 "미국은 재미없는 천국인 데 비해, 한국은 재미있는 지옥이다"라고 말하는 것은 역동적인 한국을 잘 표현한 것이라고 볼 수 있다.

어느 나라든 아이들은 역동적이고, 그 가능성은 무한하기 때문에 다양한 경험을 통해 아이가 가진 소질과 재능을 찾아내는 것이 부모와 국가가 해야 할 책임과 의무라고 생각한다. 이런 면에서 사상체질의학은 그 사람의 특성을 파악하는 데 매우 효과적인 기준과 방법을 제시하는 학문이다.

태양인 아이

바른 교육이 필요한 아이

태양인은 생각이 원대하고 넓어서 사소한 일에 스트레스를 받지 않고 작은 어려움도 잘 극복해 나간다. 어릴 때부터 가치판단의 기준이 비현실적이라고 여겨지지만 창의성이 뛰어나 색다른 의견을 내기도 한다.

태양인은 스스로의 생활에 일정한 규칙이 있다. 그래서 어떤 계획을 세우면 아침 일찍 일어나 강한 의지를 불태우는데, 어느 정도 성과가 나타나기 이전에 그 지조를 꺾고 버리는 경우가 다반사다. 어린 나이에도 이런 특성은 드러나는데, 여러 권의 책을 읽으려 하지만 막상 다 읽는 책은 드물고, 지난 번 세웠던 계획이 다 이루어지지 않았다고 하더라도 개의치 않는다. 친구들과 얘기를 할 때도 자신의 주장을 밀어 붙이지 않고 금방 친구들의 주장이나 근거에 쉽게 동의해 버린다.

태양인은 대체로 주위의 나이 많은 선생님이나 어른들을 편하게 대하지만, 세밀하고 빈틈없는데다 예의가 완벽한 사람은 어려워한다. 태양인은 평소에 한가롭거나 방학이 되면 상당히 게을러지고, 이런 생활이 오래 지속되면 그것이 습관화된다. 따라서 어릴 때부터 일정한 규칙을 정해 주고, 부모가 모범을 보일 필요가 있다. 어린 시절의 습관은 평생토록 지속되는데, 몸이 편한 쪽으로 도와주면 일생토록 손해가 될 뿐이고, 환경이 나빠지면 더욱 편한 쪽으로만 생각을 하게 되기 때문에 겸손해지도록 교육을 해야 한다. 태양인은 스스로가 게으른데도 불구하고, 게으른 사람을 보면 어리석다고 업신여긴다. 하지만 청렴하고 생활이 부지런한 사람을 만나면 등한시하는 데 비해 자기보다 능력 있고 공부를 잘하는 아이를 만나면 비굴한 행동을 하면서도 전혀 부끄러워하지는 않는다. 어떤 태양인 아이는 얼굴색의 변화도 없이 능청스럽게 선생님이나 어른들을 놀려먹고 거짓말을 하는 데 능란하기 때문에 조심해서 교육해야 한다.

태양인은 어릴 때부터 겸손해야 한다. 어느 한쪽을 잘한다고 칭찬을 자주 하면 너무 거만해져서 나중에는 남의 말을 듣지 않는다. 그러므로 어떤 과목에 특성을 보이면 처음부터 차근차근 공부하도록 계획을 세워주고, 그 분야에서 일정한 성과나 명성을 얻은 사람들의 고생과 노력을 계속 알려주어야 한다. 현재의 명성과 부유함을 강조하다 보면 일확천금이나 인생역전만을 떠올리기 때문에 결국 엄청난 손해를 입게 된다.

태양인 아이들에게는 강압적인 방법으로 지시하면 비뚤어질 가능성이 높다. 옛날 성현이나 현재 유명한 인물들에 대해 알려주고, 가능하면 직접 관련 있는 곳을 찾아가면서 공부를 시켜주고 스스로 근신하도록 도와주면, 겉으로 드러나는 성과는 물론이고 스스로 감격을 느끼게 되며 아이 성장에도 많은 도움이 된다. 그러므로 태양인 아이는 절대로 거만한 행동이 나오지 않도록 부모가 주의해서 교육하면 커다란 인물이 될 수 있다.

태양인 아이의 심리

태양인 아이는 수업 시간에 먼저 개념을 이해하고 세세한 것을 접근하기 때문에 선생님이 설명을 하면 팔짱을 끼고 고개를 끄덕이며, 마음속으로 '어디 한번 설명해 보세요. 음 그렇다는 말이죠' 하면서 집중력을 발휘해서 다음 단계로 나간다. 그래서 수학 시간에 고개를 푹 숙이고 같은 문제를 계속해서 풀어나가는 방식을 좋아하지 않는다. 수학 선생님이 보았을 때는 수학문제는 풀지 않고, 딴 생각을 하거나 게으름을 피우는 것처럼 보일 수도 있다. 태양인 아이는 무턱대고 외우는 것을 싫어하지만 문법에 따라 공부하면 되는 영어는 오히려 좋아할 수 있다.

같은 반 친구들이 보았을 때 태양인 아이는 좀 이상한 별종처럼 보일 수 있다. 태양인 아이는 공부도 큰 구도에서 바라본다. 공부를 잘하는 다른 체질의 아이들도 태양인 아이와 같은 방식으로 공부를 한다. 그렇지만 중위권 학생들은 체질에 관계없이 글을 쓰면서 영어 단어를 외우는 방식이 꼭 나쁘지만은 않다.

태양인 아이는 영어단어를 외우기 위해 연습장을 빽빽이 채우는 방식으로 억지로, 무조건 외우는 방식의 공부를 하지 않는다. 오히려 콩나물시루에 물을 규칙적으로 주듯이 때가 되면 한 번씩 흠뻑 큰 비를 맞으면 콩나물이 쑥쑥 크듯이 지식의 나무가 쑥쑥 자란다. 이런 이유로 태양인 아이의 책은 깨끗하다. 다른 체질의 아이들이 형광펜, 색연필로 알록달록하게 칠하는 것을 보면 오히려 '저렇게 칠을 하면 나중에 간섭현상 때문에 외려 이해가 되지 않을 텐데'라고 생각한다.

태양인 아이는 직관적인 방법으로 공부를 한다. 마치 그림책을 보듯이 다양한 각도에서 사물을 이해하고, 이를 바탕으로 다른 현상에 대해 관점을 옮기게 된다. 하지만 태양인 아이들이 설렁설렁 공부하는 것은 아니다. 하나의 단원이 끝나면 정리하고, 수시로 책을 읽으면서 전체의 관점에서 세세한 현상들을 공부하고 이를 바탕으로 이해력을 넓혀 나간다.

억지를 싫어하는 아이

태양인 아이는 생물 교과서에 나오는 진핵생물, 세포의 발전 등에 대해 기본을 자세하게 설명해야 한다. 그렇지 않고, 무조건 외우라는 식의 공부나 과목에 흥미를 느끼지 못한다. 오히려 지구과학이나 지리처럼 지각의 변동을 바탕으로 각각의 현상이 연관되어 있을 때는 대단한 흥미를 느끼고 집중력을 발휘해서 새로운 학설까지도 찾아낼 수 있는 단계에 이를 수도 있다.

태양인 아이가 눈가에 싱글벙글 기쁜 얼굴색을 보일 때는 다른 아이나 어른들이 모르는 것을 자기가 알고 있고, 그래서 스스로가 상당히 능력 있는 사람이라고 남들에게 과시하는 데 재미를 느끼고 있다는 표시이다. 아직 어린 아이인데도 불구하고 얼굴에는 거만한 표정이 돌면 결국 많은 견제와 질시를 받을 수가 있다. 그 결과 상당한 능력이 있는데도 불구하고 좋은 역할을 하지 못할 수도 있고, 선배나 선생님한테 찍혀 누명을 쓸 수도 있다.

태양인 아이는 자기가 가진 장점을 지속적으로 계발하고, 이를 바탕으로 보다 깊이 들어가야 하는데, 주위의 도움이 없으면 자신이 가진 장점을 버리고 다른 친구가 가진 장점을 가지려고 스스로의 능력을 포기해 버리는 경우가 있다. 이런 것은 아주 잘못된 선택이다. 따라서 무리수를 두는 행동에 대해서는 부모가 엄격하게 규제를 해야 한다. 그렇다고 해서 아이라는 이유로 합리적이지 않은 규율을 적용하거나 체벌을 가하는 경우에는 평생토록 지울 수 없는 상처를 줄 수도 있으므로 주의해야 한다.

사소한 것에 목숨 걸지 않는다

태양인 아이는 비록 공부를 못하고 모범생은 아니더라도 다른 사람을 판단하고 평가하는 데 있어서는 매우 뛰어난 감각을 유지한다. 그래서 아무리 좋은 말로 속이려 해도 잘 속지 않는다. 다만 겉치레나 형식에 얽매이는 것을 싫어하는 관계로 그 뛰어난 감각을 제대로 평가받지 못할 수도 있다. 또 태양인 가운데 맥이 강한 사람은 자신의 마음을 공손하게 하지 않고, 예절을 지키는 것을 싫어하기 때문에 무례하거나 거만하게 보일 수 있다. 따라서 어릴 때부터 다양한 경험을 통해 인간관계를 폭 넓게 할 수 있도록 많은 기회를 갖도록 해야 한다.

생각이 삐뚤어진 태양인 아이를 타일러 가르칠 때는 평균 이상의 노력을 기울여야 한다. 태양인 아이는 그 마음의 깊이와 넓이 때문에 보통 사람이 제대로 된 방법으로 설명하는 것이 성에 차지 않는다. 그렇다고 그런 아이를 힘으로 억누르려고 해서는 안 된다. 그럴수록 아이는 마음의 벽을 더 높이 쌓고, 가족이나 주위의 사람들이 점점 자기를 이해해 주지 않는다고 하면서 밖으로 나돌 수 있다.

대부분의 아이들은 소꿉장난을 하며 성장한다. 부모나 형, 누나, 오빠, 언니의 옷차림, 말투, 행동거지를 흉내 내며 하루하루 커 가는 데 비해 태양인 아이들은 사소한 것들에 대해 별로 흥미를 느끼지 않고, 스케일이 큰 것에 관심을 보인다. 그래서 사회의 변화에 대한 책이나 역사소설, 위인전 같은 것에 더 관심을 보인다. 이런 특성을 잘 살리면 스스로의 생활을 변화시키기도 하고, 나중에 선배들의 삶에서 힌트를 얻어 커다란 성취를 얻기도 한다. 태양인은 아기자기한 논리 전개보다는 직관을 통해 새로운 사고를 할 수 있기 때문에 음악이나 미술을 통해서 많은 것을 얻을 수 있다. 따라서 성장기 때는 공부하는 짬짬이 음악이나 미술을 가르치면 더 큰사람이 될 수 있다.

세상은 정말 다양한 직업군이 존재하는데도 불구하고 뭔가 할일을 못 찾아 방황하는 사람들이 많고, 나이가 들어서도 이러저러한 일을 하다가 직업을 바꾸는 사람들이 많다. 하지만 태양인 아이 중에서 다양한 책을 읽은 아이는 이미 어린 나이일 때 진로를 정하고, 평생 그 일에 몰두하는 경우도 있다. 이런 아이들의 장점은 어릴 때 읽었던 책이나 선배한테 들었던 얘기가 가장 큰 동기가 되는 데 비해, 방황하는 아이들의 특성은 책읽기도 싫어하고, 자잘한 이야기에 정신을 파는 경우가 많다. 태양인 아이가 다른 체질 아이들과 확연하게 다른 점은 TV 드라마나 연예뉴스, 인터넷에 시간과 정열을 빼앗기지 않는다는 것이다.

태양인은 몽상가

대통령을 꿈꾸는 아이들의 대부분은 대통령이 되지 못한다. 그런데도 불구하고 아이들은 대통령이 좋다는 것을 알고 그 꿈을 꾸는데, 태양인 아이는 이와 같은 꿈을 성인이 되어서도 버리지 않는다. 이제마 선생은 태양인의 이런 헛된 꿈을 옹기장수의 꿈이라고 표현했다.

옛날에 한 사람이 가난을 면해 보려고 여러 가지 궁리를 하다가 옹기장수가 되었다. 그는 그릇 굽는 데를 찾아가서 어렵게 마련한 돈을 주고 옹기 한 짐을 사서 여러 동네를 돌아다녔다.

'지금 지고 가는 옹기를 다 팔면 얼마가 남을 것이다. 원금은 다시 옹기를 떼어다가 팔고 이익금으로는 식량과 암탉 한 마리를 사야지. 암탉을 사다 주면 아내는 좋아하면서 잘 기를 거야. 새로 산 옹기를 다 팔면 또 닭 한 마리를 사서 아내에게 기르게 하고, 이렇게 세 번을 더 하면 암탉이 다섯 마리가 되겠지. 암탉 다섯 마리가 알을 낳으면 달걀을 팔아 얼마를 받을 수 있겠지. 이것을 얼마 동안 모으면 꽤 돈이 될 거야. 그 돈으로 돼지 한 마리를 사서 길러야지.'

마을에 도착한 그는 옹기를 사라고 외치며 온 마을을 다녔지만 그 때가 마침 보릿고개라서 옹기를 사는 사람이 하나도 없었다. 그는 다른 마을을

찾아 힘없는 발길을 옮겼다. 그는 다시 길을 걸으며 먼저 하던 생각을 이어갔다.

'돼지 한 마리를 2년쯤 잘 기르면 새끼를 열 마리 낳겠지. 돼지 열 마리를 혼자 다 기를 수는 없으니까 다섯 마리는 우리가 기르고, 다섯 마리는 마을 사람들에게 나눠주어 기르게 하고 이익을 반으로 나눠야지. 그렇게 몇 년을 한 뒤에 돼지를 팔아서 소를 한 마리 사야지. 그 소가 송아지를 낳으면 마을 사람에게 주어 기르게 한 뒤에 이익을 반으로 나누고 소가 열 마리가 되면 그것을 다 팔아서 논을 사야지. 부지런히 농사를 지어 추수한 쌀은 장리를 주어 늘리면 큰돈이 되어 논을 몇 마지기 살 수 있을 거야. 그런 뒤에 집을 새로 짓고, 몇 년 뒤에는 큰 부자가 되겠지. 그 때에는 예쁜 기생첩을 하나 두고 보고 싶을 때 껴안아야지.'

이런 생각을 하며 기생첩을 껴안는 시늉을 하다가 지겟작대기를 건드리고 말았다. 지겟작대기가 빠져 지게가 넘어지는 바람에 지게 위에 있던 옹기그릇은 모두 깨져 버리고 말았다. 옹기그릇과 함께 그의 꿈도 깨지고 말았다.　　　　　　　　　－ [출처] '옹기장수의 꿈' 작성자 마카네

태양인과 결혼해서 사는 배우자에게 평가를 부탁하면 "좋게 말해서 천사이고, 나쁘게 말하면 바보천치"라고 한다. 그래도 태양인 아이는 우리의 희망이 될 수 있다. 끝없는 상상력과 정확한 직관은 그 누구도 따라갈 수 없는 하늘의 선물인데, 다만 그 선물을 어떻게 키우고 잘 관리하느냐는 부모와 주위 사람들의 몫이다. 태양인 아이는 다른 체질의 아이들이 흠모하

고 따라가야 할 대상임에는 틀림없다.

　태양인은 상대가 아무리 지위가 높고 명성이 드러난 사람이라고 할지라도 자기 신분과 역할에 맞는 행동을 하지 않는다고 판단되면 절대로 아부하거나 그 사람의 의견에 동조하지 않고, 때로는 고관대작이라고 할지라도 자신의 주장을 과감하게 표현하고 모욕적인 말을 할 수도 있다. 반대로 상대의 직분이 낮고 힘이 없는 사람들인 경우에는 약간의 잘못을 했다고 하더라도 너그러이 용서해 주는 일이 자주 있는데, 이런 태양인은 어느 정도의 능력을 스스로 갖추었다고 판단하고 행동하는 것이다. 하지만 어리석은 태양인은 가난할망정 자신의 힘으로 살아갈 생각을 않고 집안 좋고 능력 있는 사람의 부하노릇을 만족스럽게 여기는데, 어릴 때부터 꾸준히 노력해서 하나씩 소중한 경험하지 못했기 때문이다.

　태양인과 대화를 해 보면 마치 굉장한 일들이 곧 일어날듯이 말하는 특징이 발견되는데, 아주 사소한 것에 불과한 것인데도 불구하고 마치 대단한 일인 것처럼 떠벌리는 어린아이 같다. 길을 가다가 보잘것없는 망치를 하나 주었는데, 이것을 이용해서 강아지 집을 짓고, 그것을 팔아서 작은 손수레를 사서 장사를 해서 많은 돈을 모은 다음 아버지께 드린 다음 아버지와 함께 멋있는 주택을 짓고, 건설업을 해서 엄청난 회사를 경영한다는 등의 허황된 꿈을 아주 자연스럽게 얘기하는 점이다.

　태양인 아이의 허무맹랑한 상상을 자꾸 경험으로 체득하도록 하고, 아이가 어떤 주장을 말할 때는 50~80% 정도를 깎아내야 보통 사람의 말과 비슷하다는 점을 어릴 때부터 자꾸 알려주면, 낙담하지 않고 하나의 분야에서 노력하는 과정과 그 결과로 나타나는 즐거움을 느낄 수 있게 된다.

공부에 취미가 없는 태양인

태양인 아이가 가치관이 잘못되어 공부에 흥미를 잃고, 마음씨 고운 친구를 미워하거나 행실이 나쁜 친구들과 어울려 주위의 약한 아이들을 괴롭히는 지경에 이르면 많은 문제가 일어난다. 대부분의 태양인 아이들은 주어진 환경에 잘 적응하여 공부도 열심히 하고, 몸이 약하거나 환경이 어려운 친구들을 돕는 데 앞장서고, 어른스러운 판단력으로 주위의 친구들의 잘잘못을 잘 가려내주는 흑기사 역할을 하곤 한다. 그러나 성장과정에서 영양공급이 불충분하거나 태양인의 신체적 약점을 보강할 수 있는 적절한 운동을 하지 못하는 경우에는 다른 아이가 칭찬을 받거나 상을 받을 때 좋게 여기지 않고 얕잡아본다.

부모가 제대로 된 가치관을 태양인 아이에게 심어주지 않고 어떤 일이 생겼을 때 서로 핑계만 대면, 태양인 아이는 어떤 일을 추진하고 계획을 세울 때에는 뒤로 물러서고 일을 해 나가는 상황에서는 이럴까 저럴까 주저하다가 막상 좋은 성과가 나오면 그 공로를 혼자 차지하는 무례한 일을 서슴지 않기도 한다.

사회적으로 다양한 직업이 부족했던 과거에 비해 경제가 발전하면서 전문화된 분야에서 다른 체질의 사람들과 뚜렷한 차이를 보이는 태양인이 늘면서 태양인의 부정적인 면이 많이 줄어들었다. 하지만 아직도 우리나라의 경우에는 남자와 여자가 하는 직업이 차이가 나는 경우가 많은데, 태양인 아이는 아기자기하고 섬세한 일을 하는 것이 남자답지 못하다고 교육을 받고 또 스스로도 그런 가치기준을 만들기가 쉬워서 은행원, 간호사, 공무원 등의 직업에 대해 부정적인 마음을 갖기가 쉽다. 이런 잘못된 가치관을 어린 시절에 벗어날 수 있도록 다양한 경험을 하게 부모들이 신경을 써야 한다.

초등학교 시절이 태양인 아이에게는 올바른 가치관 형성에 가장 중요한 때이다. 새로운 지식이나 다양한 환경의 친구들을 만나면서 자기가 몰랐던 분야나 겪어보지 못했던 생활방식에서 우러나오는 판단기준이 제시될 때 상당한 지적 향상이 일어난다. 자신의 방식이 옳지 않다고 판정받고, 성적 평가에서 스스로가 납득할 수 없는 결과가 나오면 상당한 정신적 충격을 경험하기도 한다.

이때 지혜로운 부모라면 그 결과에 냉철한 분석을 제시해 주고, 판정기준이 어떤 것이고, 평가의 최적 조건이 무엇인지를 이해시켜야 한다. 만약에 그런 수고를 들이지 않는다면 다른 체질의 아이들에 비해 태양인 아이는 보다 급진적이고 비합리적인 방식으로 자신의 역량을 과시한다.

그러다 보면 어떤 상황에 처하더라도 처음부터 부정적인 생각을 하게 되고, 마침내는 다른 친구들이 이룬 성적이나 성과에 대해 인정하지 않고, 힘이나 속임수를 동원해서 친구의 물건을 빼앗으려는 시도를 하기도 한다. 즉, 다양한 경험이 부족하고 올바른 교육을 받지 못한 태양인 아이는 지혜롭지 못하기 때문에 어느 정도의 시간이 지나면 자신보다 약해 보이는 사람을 깔보는 마음이 생기고, 자꾸 정직하고 용기 있는 다른 체질의 아이들과 틈이 생기면서 멀어져 간다.

어떤 태양인은 일이 자기 마음대로 이루어지지 않으면 사소한 일에도 버럭 화를 내거나 세상을 욕하는 경우가 많다. 이러한 태양인은 청소년기에 좋은 책들을 읽지 않고 흥미 위주의 잡지만 보거나, 부모의 적극적인 관리

부재로 드라마와 연예 프로그램을 지나치게 시청하고, 인터넷 서핑을 통해 지적 욕구를 충족하면서 성장했을 가능성이 많다.

따라서 부모의 적극적인 교육이나 관리가 이루어 지지 않는 환경에 처한 태양인 아이는 주위의 선생님이나 친구들도 모르게 행실이 나쁜 아이들과 어울려 거리를 돌아다니기도 하고, 삶의 목표를 정하지 못하고 일시적인 환희에 젖어 시간을 허비하는 사람이 된다.

태양인 아이는 신체적으로 잘 성장할 수 있도록 충분한 영양공급을 받고, 정신적으로 편안함을 느낄 수 있도록 다양한 분야의 책을 읽을 수 있는 환경을 제공받는 것이 필요하다. 물론 모든 아이들이 이런 환경이 필요하지만 태양인 아이의 변화가 다른 체질보다 더 확연하게 다르기 때문에 더 깊은 관심과 노력이 필요하다.

건강관리 조언

초등학교 5학년 여학생인 가연이는 눈빛이 강렬하고 행동이 남자 같아서 첫눈에도 인상이 범상치 않았다. 군인인 아버지 밑에서 자라난 관계로 말투도 어딘가 군인 같다는 생각이 들고, 진료실에 가만히 앉아서 기다릴 때도 노인들이 깊은 생각에 잠긴 것처럼 행동했다.

올해부터 생리가 시작되면서 아랫배가 아프고 머리가 무거운 생리통이 있어서 치료를 받으러 왔는데, 질문할 때마다 "괜찮습니다!"라고 군인처럼 말하면서 자세를 바르게 했다. 걸을 때 모습을 보면 무엇인가 깊은 생각을 하는 듯하고, 발목 아래쪽으로는 힘이 없는 듯이 신발 앞이 돌에 자주 차이는 편이며, 예쁜 걸음걸이와는 다른 독특한 걸음걸이를 하고 있었다.

가연이는 특별히 다른 문제는 없었고, 말이 많지 않았으며, 진찰하는 필자보다 더 여유가 있어서 어린 아이보다 친구 같다는 느낌이 들었다. 평소에도 몸이 불편한 것을 물었을 때 "어디 한곳이라도 안 아픈 사람이 있겠어요?"라고 반문하는 것이 어른스러웠고, 음식에 대한 질문에서도 아무거나 잘 먹는다고 했다. 다만 우유나 배를 먹으면 속이 불편하고, 입이 까다롭지는 않은 편이었다. 맥이 약한 가연이는 건강한 태양인과는 달리 아침잠이 많았지만, 스스로가 세운 계획에 따라서 하루 일과를 잘해 나가는 어린이였다.

친구들과는 스스럼없이 어울리기는 하는데, 또래 아이처럼 놀이공원이나 게임에 빠지지는 않았는데, 그 이유를 묻자 "너무 시시해요"라고 말했다. 어릴 때부터 그렇게 자라서 그런지 친구들과 어울리기는 잘하는데, 어떤 놀이에 확 빠지지는 않았다.

태양인은 기운이 쉽게 움직이고, 하고 싶은 것을 못하게 되면 화를 자주 낼 수 있는데, 이런 아이들은 몸에 힘은 넘치는데도 불구하고 균형을 이루지 못하고 어느 한쪽으로 치우치는 기운이 너무 많기 때문에 화를 내는 쪽으로 표현한다. 이런 불균형 기운을 조정하는 데는 채소류와 해산물이 제격이다.

따라서 가연이에게 평소에도 미역, 다시마, 배추, 조개류 등을 자주 먹는 것이 도움이 될 것이라고 말했더니, 평소에도 그런 음식을 좋아한다고 했다. 그래서 태양인 처방을 10일씩 3회 투여하자 생리통이 없어졌고 잠도 줄었다.

대인관계

태양인에게 가장 큰 단점은 어떤 일을 하더라도 자기가 주인공이 되려하고, 사람을 사귀면서 세세한 면에서 자기의 본 감정을 솔직하고 다양하게 잔정을 표현하지 못하는 점이다. 태양인은 이것이 가장 큰 단점이 된다. 그래서 태양인은 공부하고 수양해야 한다.

그렇지 않으면 항상 조직 내에서 자신을 지원해 주는 사람이 없어서 따돌림을 당할 수 있고, 평가에서 밀릴 수도 있다. 그렇게 되면 어떤 조직 안에서도 능력을 인정받지 못하고, 아랫사람들에게 굴욕을 참아가며 회사생활을 하거나 아니면 직업 없는 건달들과 어울려 시장거리나 유흥가에서 별의별 나쁜 짓을 두루 일삼으며 공공의 적으로 살게 된다.

태양인 가운데 공부에 흥미를 느끼지 못하고, 학교에 가는 것을 기피하고, 온갖 핑계를 대면서 조퇴하고 지각하는 아이는 자라면서 어떤 나쁜 처지에 있더라도 항상 말로는 좋은 집안에서 자라고 있다고 말하고, 마음속으로는 한번만 일이 잘 풀리면 부귀와 공명이 바로 눈앞에 있는 것처럼 생각하고 과장해서 주위 사람들을 속이려 한다.

어릴 때부터 자신을 낮추도록 교육을 받지 않은 태양인 아이는 마음속으로 모든 것을 제멋대로 하려고 한다. 그렇다 보니 자기보다 나이 많은 형제들이나 선배들을 인정하지 않는다. 어떤 칭찬을 들으면 선배를 더 높여주고 자신을 낮추는 말이나 행동을 해야 주위 친구들한테 또래 집단에 포함될 수 있는 합의가 생긴다. 태양인은 처음 보는 사람과도 쉽게 친해질 수 있고, 교우관계가 좋다고 본다. 그러나 이런 자신감 때문에 자꾸 자기의 장점을 드러내는 데만 골몰하다보면 또래들로부터 소외를 당하고, 결국 외톨이가 되어 독불장군이 된다. 대부분의 다른 체질 아이들은 이런 일을 당하면서 잘못을 뉘우치고, 양보하는 마음이 생겨서 사회성이 발달하는 데 비해 태양인 아이는 어떤 식으로든 선배나 친구들을 속일 수 있거나 마음대로 부릴 수 있다고 생각한다.

따라서 태양인 아이가 혼자 엉뚱한 상상을 하는 것을 교정할 필요가 있다. 대부분의 다른 체질 아이들은 책을 읽을 때는 책에 빠져 울고 웃다가 어느새 그 책의 전부를 읽어버리고 아쉬워하는 데 비해 태양인 아이는 작가가 글을 전개하는 방식을 찾는다. 새로운 전개방식이 등장하면 그것을 이해하는 데 많은 시간을 보내기 때문에 전체구도를 잘 파악하지만 그 책을 통해 작가가 전하려는 감동을 느끼는 것이 좀 부족하다.

어릴 때는 아무 것도 아닌 일에 대해 아쉬워하고, 친구들과 어울려 그 당시에만 느낄 수 있는 시대 상황을 공유하게 되는 데 비해 태양인 아이는 이미 조숙해서 딴 생각을 하게 된다. 숨바꼭질을 할 때는 술래가 다양한 곳에 숨어 있는 친구들을 열심히 찾고, 또 술래가 아닌 사람들은 술래가 찾지 못하도록 엉뚱한 곳에 숨어야 서로가 재미를 느끼고, 의기투합해서 더욱더 친해진다. 그런데 태양인 아이가 술래가 되면 열심히 찾지 않고, 앉아서 기다린다. 그러면 숨어 있던 친구들이 하나둘씩 스스로 나오게 되고, 그 때 태양인 술래가 "찾았다!"라고 말하는 경우가 있다. 이런 식으로 친구관계를 맺다 보니 또래 집단에 속하지 않는 고독한 외톨이가 되어버린다.

따라서 태양인 아이는 작은 것도 친구와 공유하고, 서로의 장점을 이해하는 법을 배우고, 겸손하고 부지런한 생활을 할 수 있게 다양한 습관을 익혀야 한다.

태음인 아이

고집이 센 아이

태음인은 우리나라 인구의 약 50%를 차지할 정도로 많다. 먹을 것을 좋아하는 태음인은 적응력이 뛰어나며, 체격이 좋고 힘도 세지만, 큰 덩치에 맞지 않게 때로는 겁이 많은 모습을 보이기도 한다. 태음인은 어릴 때부터 생각을 많이 한 다음에 비로소 행동으로 옮기기 때문에 굼뜨게 보일 수도 있지만 다른 체질에 비해 성공할 가능성이 높다.

태음인 아이는 잘 표현을 하지 않다가 화가 나면 누구도 말릴 수 없는 고집을 부리곤 한다. 이럴 때 부모의 호통은 태음인 아이의 고집을 더욱 부추길 뿐이다. 태음인의 고집은 자신의 성취를 위한 것일 때도 있지만 때로는 새로운 것에 대한 겁내는 마음에서 오는 경우도 많다. 이런 겁내는 마음에서 오는 고집은 겉으로 보기에는 비이성적인 것으로 보일 수 있다.

이런 경우 겉으로는 여러 가지 핑계를 대며 고집을 부리지만 그 실상은 겁내는 마음, 약한 마음에 있다. 이럴 때 엄마는 태음인 아이의 겁내는 마음에서 오는 고집에 정면 대결하는 방법을 취하는 것은 좋지 않다. 겁내는 마음을 해결하지 않고, 해야 하는 일의 당위성에 대한 논리를 펴는 것은 오히려 태음인의 비이성적인 고집을 부추기며 부모와의 대화를 거부하게 만든다. 또한 무조건적인 호통은 태음인의 넘치는 체력을 감안한다면 폭발적이고 공격적인 역반응을 불러올 수 있다.

마치 "말을 물가에는 데려갈 수 있어도 물을 마시게 할 수 없다"는 말이 가장 어울리는 것이 태음인 아이이다. 이럴 때에는 물가가 위험하지 않다는 것을 반복적으로 일러 주되 말 뿐 아니라 행동으로 실천해서 보이는 것이 중요하다. 태음인은 경험하지 못한 일에 겁내는 마음이 있는데, 부모가 물가에 가서 물 마시는 것을 매번 본 태음인은 그것이 전혀 어렵지 않은 일이 된다. 결국 태음인 아이에게 중요한 것은 똑같은 상황에서 대처하는 부모의 일관된 자세이다.

　태음인 아이는 자신의 주변인이 어떻게 행동하는지 알게 모르게 관찰하는 경향이 있다. 하지만 그 사람의 됨됨이에 대해서 말하지 않고 마음에 담아둘 뿐이다. 태음인 아이의 부모는 자신들이 아이의 롤모델이 된다는 점을 명심해야 한다. 만약 부모가 먼저 실천하지 않는다면 오히려 "엄마, 아빠는 안하는데 내가 왜 해야 돼?"라는 질문을 어느 순간 받고 곤경에 처할 것이다. 만약 여기에 적절한 대답을 하지 못한다면 이후에는 어떤 감언이설이나 당위적인 말도 태음인 아이를 움직일 수 없다.

아는 것이 병이다

　태음인 아이는 서너 살만 되면 자아가 상당히 강해지는데, 어른이 할 수 있는 단어와 문장을 사용해서 주위를 깜짝 놀라게 하기도 한다. 외모는 아이지만 머리는 이미 다 자란 성인에 가까울 정도로 여러 가지 세상 정보를 축적하고 있는 것을 볼 수 있다. 일반적으로 아이들은 모르는 것을 알고 싶어 하는데, 특히 태음인 아이는 다른 체질의 아이들보다 더 궁금한 것을 참지 못한다.

　서원이는 이제 겨우 3년 7개월의 여자 아이지만 직장에 다니는 엄마를 대신해서 키우는 외할머니는 서원이를 설득하지 못해 힘들 때가 한두 번이 아니다. 외출하기 위해 옷을 입히려고 하면 꼭 자기가 좋아하는 옷을 입어야 하고, 자기 방식으로 팔을 소매에 넣어야 한다. 만약 외할머니가 급한 마음에 왼쪽 팔부터 소매를 끼우면 끝내 왼쪽 소매를 빼고 오른쪽 팔부터 소매에 넣고 왼쪽 팔은 나중에 넣어야 만족한 웃음을 짓고 다음 행동으로 넘어간다.

서원이는 자기가 좋아하는 책이 있으면 열 번이고 스무 번이고 읽어서 그 내용을 확실하게 외운 다음 대화체로 만들어 반복적으로 배역을 바꿔가며 응용한다. 백설 공주를 읽고 나서 처음에는 백설 공주 배역을 맡아서 하더니 며칠이 지나자 난쟁이 역할을 했고, 또 며칠이 지나자 새엄마 역할을 하느라 거울 앞에서 표정연기에 여념이 없었다. 그렇게 10일 정도 지나더니 백설 공주에 나오는 모든 역할을 다 했는지, 일상생활에서 겪는 상황에서 백설 공주 나오는 장면을 대입하려고 애를 썼다.

외할머니가 다른 책을 읽어주려고 하지만 끝내 서원이를 설득하지 못한다. 하지만 이모는 서원이를 잘 설득하고, 때로는 화장실에 데리고 가서 야단도 치고 확실하게 기강을 잡는다. 손녀에게 쩔쩔매는 외할머니의 고생은 앞으로도 계속될 듯했다.

며칠 전에는 엄마 핸드백을 들고 거울 앞에서 뒤로 돌아보더니 어디서 배웠는지 "이제 맵시가 난다"라면서 새로 배운 단어를 적재적소에 써 보기 위해 머리를 굴렸다. 할머니가 "맵시가 무슨 뜻인데?"라고 물었더니 "좋은 거야!"라면서 배시시 웃었다.

태음인 아이는 새로운 정보를 끌어 모으는데 노력을 아끼지 않고, 흥미가 나는 부분에 대해서는 대단한 집중력을 발휘한다. 한번 움직이기 위해서는 수십 번 머리를 굴리고, 어쩌다 한번 실패하면 그 실패의 원인과 상황 대처법에 대해 수백 번 연습을 한다. 이런 특성이 잘 발휘되면 좋은 방향으로 발전하지만 그렇지 않은 경우도 많다.

태음인 아이의 최대 약점은 경험의 부족과 작은 성취에서 만족해 버리는 교만한 마음인데 우물 안 개구리라는 표현이 적절하다. 태음인 아이는 자신을 대단하게 생각하는 순간 현재의 성취에 만족해 버린다. 그래서 읽기 쉬운 판타지 소설이나 재미를 추구하는 TV 드라마에 빠지는 경우가 많다. 이런 소소한 것에 만족해 버리고 즐길 것만 찾는 태음인 아이가 다양한 정보들을 아는 것은 오히려 병이 된다. 식자우환(識字憂患)이 바로 태음인에게 해당되는 사자성어이다.

우물 안에 빠진 태음인에게는 좀 더 넓은 세계를 보여주어야 한다. "세상은 넓고 고수는 많다"라는 말을 태음인은 항상 되새겨야 한다. 우물에서 세상으로 나아가 각종 고수들을 만날 때에 태음인 아이는 겸손을 배우게 되고, '해 보니까 이 세상에 쉬운 것은 하나도 없다'는 것을 깨닫는다. 많은 경험과 견문은 태음인으로 하여금 겸손과 더 높은 성취를 꿈꾸게 한다.

태음인 아이가 "학이시습지(學而時習之) 어쩌고저쩌고"하면서 경전을 인용하는 경우가 있을 때는 이미 다른 문헌에 마음으로 느낀 것이 있다는 것을 의미하게 되고, 이런 사례가 쌓이면 주변 사람 중에 스스로가 보기에 어떤 면에서든 존경심을 가지고 있다는 것을 의미하기 때문에 점차 자기가 가지고 있던 잘못된 교만한 마음을 극복해 나가는 과정이라는 것을 알 수 있다. 또한 겸손한 태음인은 주변인으로부터 "아는 것도 많은데 참 겸손해. 그런데도 배우는 것을 멈추지 않아"라는 좋은 평가를 들을 수 있다.

만약 우물 안 개구리 같은 태음인에게 겁내는 마음까지 생겼다면 엎친 데 덮친 격으로 주변의 조언은 이미 소용이 없게 된다. 자신을 자꾸 지키려고 하는 마음은 태음인을 방어적으로 만들고 소극적인 사람으로 만든다. 이런 경우 자기보다 잘난 사람을 만나기를 싫어하고 남으로부터 배우기를 싫어하면서도 남의 성취를 우습게 여긴다. 이로 인해 유능한 사람과 쓴소리를 해 주는 사람보다는 아첨하고 무능한 사람을 좋아하게 된다.

알면서도 정리가 되지 않는 아이

태음인 아이는 어느 정도 '학습량'이 채워진 다음에 개념을 세우는 공부법을 터득하는 경우가 많다. 1층, 2층, 3층, 4층식으로 단계적으로 올라가는 공부법이 태음인에게 맞다. 결과가 중요하다고 해서 태음인에게 4층부터 가르치면 아이의 공부를 망치게 된다.

태음인 아이의 공부 실력이 어느 정도 궤도에 오르기까지는 시간투자가 가장 중요하다. 또한 태음인 아이는 새로운 과목의 수업을 듣거나, 학년이 올라가서 교과서가 바뀌는 경우에 다른 체질 아이들에 비해 더 많은 스트레스를 받는다. 이럴 땐 옆에서 도와주는 친구가 있으면 좋으며, 변화된 학습에 익숙해질 때까지의 많은 시간 투자가 필요하다. 하지만 한 번 익숙해지면 무섭게 속도를 낼 수 있기 때문에 처음에 학습 진도가 느리다고 해서 태음인 아이를 다그치지 말아야 한다.

순발력이 뛰어난 소양인 친구와 태음인 아이가 같이 벼락치기를 하면 태음인 아이만 피해를 본다. 또한 만화책에 손이 더 간다거나 내일아침이 시험인데도 독서실 휴게실에서 TV를 보는 것은 준비가 덜 된 태음인의 현실

도피 수단이다.

 태양인 아이는 계획적으로 공부한 시험에는 자신감을 갖는다. 이런 경험을 바탕으로 축적된 지식은 새로운 문제에 대한 불안감을 줄여준다. 태음인에게 지식의 체계를 만드는 방식은 경험을 통한 패턴화이다. 소음인처럼 하나를 배우면 하나를 알고 둘을 배우면 둘을 아는 것은 태음인의 공부방법이 아니다. 태음인은 하나를 배우면 하나를 알지 못할 수도 있지만 어느 순간에 한꺼번에 다 알게 되기도 한다. 태음인에게 있어서 폭과 양의 확보는 곧 그림의 완성과도 같다. 한 가지 과목에 대해서 이러이러하다는 설명까지 할 수 있는 태음인은 이미 그 과목을 정복한 것과도 다름없다. 태음인에게 가장 나쁜 공부습관은 중도포기로 인한 기본이론만 아는 단계이다.

 모든 학습서의 구조는 기본이론부터 시작된다. 그런데 기본이론이 이해되지 않으면 책의 앞부분만 공부하다가 제풀에 지친다. 이때 나타나는 현상은 책 앞쪽만 새까만 것이다. 책을 처음부터 차근차근 봐야 하는 태음인은 이전에 앞부분을 봤다하더라도 두 번째 볼 때에는 또 처음부터 새로 봐야 직성이 풀린다. 이런 과정의 반복이 공부효율과 흥미를 저하시킬 수 있다. 이런 경우의 해결책은 두 가지이다. 첫째는 한 권의 책을 다 볼 때까지는 그 책을 놓지 않는 것이다. 이는 태음인의 장점인 성취를 통해서 극복할 수 있다. 둘째로 체력이 약한 태음인 아이에게는 기본이론 아래에 예시가 잘 되어 있어서 이론과 실제적용(문제)이 금방금방 나오는 책들이 좋다. 기본이론의 재빠른 적용과 실전의 경험은 태음인 아이의 머릿속에 잘 각인된다. 이런 방식의 공부는 한번 경험하면 결코 잊지 않는 태음인 아이에게 효과가 크다. 또한 문제집을 많이 풀어보게 하면 좋은 효과가 있을 수 있다.

이 방법의 장점은 실전 연습을 통해서 문제를 푸는 감각을 익힘으로써 시험에 대한 적응력을 높이는 것에 있다.

안데르스 에릭슨은 1990년대에 〈재능논쟁의 사례 A〉라는 연구결과를 발표했다. 그는 베를린 음악 아카데미의 바이올린 전공 학생들에게 "지금까지 얼마나 많은 연습을 해왔는가?"라고 질문했다. 그 결과 대부분의 학생들은 다섯 살쯤 바이올린을 시작했고, 초기에는 대개 1주일에 2~3시간씩 연습했는데, 여덟 살 때부터 차이가 벌어졌으며, 결국 스무 살까지 연습한 시간을 합해 보니 1만 시간 그룹, 8천 시간 그룹, 4천 시간 그룹으로 나눌 수가 있었다. 그런데 1만 시간을 연습한 학생들은 장래에 세계적인 연주자가 될 가능성을 인정받았고, 8천 시간 그룹은 그냥 '잘한다'는 평가를 받았고, 4천 시간 그룹은 평범한 음악교사가 될 수 있을 정도에 머물러 있었다. 학생들 중에서 별로 노력하지 않았는데도 정상급 수준으로 평가받은 사람은 단 한 명도 없었다.

이와 비슷한 견해가 '1만 시간의 법칙'이다. 신경과학자 다니엘 레비틴은 어느 분야건 뛰어난 전문가가 되려면 1만 시간의 연습이 필요하다는 연구결과를 발표했다. 레비틴이 다양한 분야의 전문가들을 조사해 보았더니, 모든 전문가는 적어도 1만 시간 이상의 연습을 통해 그 분야의 1인자가 되었다. 오랫동안 방영되고 있는 SBS TV의 〈생활의 달인〉이라는 프로그램에 보면 다양한 달인들이 등장하는데, 그들의 공통점은 10년 이상 그 분야에 종사하면서 나름대로의 열정과 노력으로 작업방식을 개혁했고, 이를 몸에 익혀서 눈감고서도 한 치의 빈틈없이 능률을 올린다는 점이다. 이들이 투자한 시간이 바로 1만 시간이다. 1만 시간은 어느 정도인지 얼핏 감이 오지 않지만 하루에 3시간씩 공부한다면 10년이 걸리고, 하루에 10시간씩 매달려야 3년이 걸린다. 그야말로 정말 엄청난 인내가 필요한 시간이다.

태음인은 노력파이다. 처음에는 별로 두각을 나타내지 못하지만 흥미를 느끼는 분야가 있으면 주위의 시선은 아랑곳하지 않고 끝까지 파고드는 열정이 있다. 이런 열정을 바탕으로 성공한 태음인이 많다. 어느 분야에서건 최고들이 모일 때 보면 태음인이 많다. 태음인 아이의 꾸준함을 살릴 수 있도록 부모는 그 흥미를 빼앗지 말아야 한다.

미지막으로 가장 중요한 점 하나는 정보력이다. 태음인은 가끔 시험 범위나 시험 경향을 무시하는데 이는 본인이 알고 공부하는 것이 중요한 것이라는 확신일 수도 있지만 교만한 마음의 표현이기도 하다. 출제위원이 원하는 방향이나 최근 경향이 공부에 있어서 현실적으로 중요한 것임을 일깨워줄 필요가 있다. '나는 내 방식대로 갈 거야'라고 생각을 하면 노력에 비해서 성취가 적게 된다.

성취하는 과정의 즐거움을 느끼게 한다

태음인 아이에게 빨리 하기를 강요하거나 다른 아이와 비교하는 것은 아이를 방어적으로 만들거나 욕심을 부리게 한다. 이럴 때에는 본인의 장점을 알도록 지도하고 빠른 것보다는 천천히 과정을 밟아가는 여유를 느끼게 해야 한다. 적절한 여유와 시간에 맞는 계획 세우기는 태음인 아이를 올바르게 성장시킨다.

어떤 분야의 전문가이든 적어도 10년은 그 분야에서 최선을 다해야 명성을 낼 수가 있다. 전설적인 그룹 비틀즈가 아직 고등학교 록밴드에 불과했던 1960년, 그들은 독일 함부르크로 초대를 받았고 여러 클럽에서 엄청난 시간을 연주했다. 일주일에 7일 하루에 여덟 시간씩 무대에 서서 연습이 아닌 연주를 했다. 그 후 함부르크에서 영국으로 돌아온 비틀즈는 전혀 다른 록밴드로 변해 있었다.

태음인 아이는 다른 체질 아이들보다 기본적인 공부시간이 더 필요하다. 태음인 아이들은 한마디 하기 위해 적어도 10번을 생각한다. 말할 때도 생각나는 대로 말하지 않고, 조리 있게 말하려고 하다 보니 말을 더듬기도 한다. 그런 태음인 아이를 다그치는 것은 좋지 않은 방법이므로, 항상 시간을 넉넉하게 주고 그 결과를 기다려야 한다.

태음인에게 도움이 될 수 있는 멘토들

- 말보다는 행동으로 실천하는 사람
- 새로운 상황이나 실패를 두려워하지 않는 사람
- 뛰어난 능력을 가졌지만 겸손한 사람
- 기다려주는 사람
- 태음인을 제압하려하지 않는 사람
- 시간관념이 명확하고 계획성이 있는 사람

이러한 면에서 용감하면서 행동이 빠르고 실천을 잘하는 소양인은 태음인에게 좋은 친구나 멘토가 될 수 있다.

적응하는 데 시간이 필요한 아이

시험 범위가 갑자기 바뀌거나, 갑작스런 집안 행사의 참여로 인해 본인의 시간 관리가 어긋날 때처럼 예상치 못한 상황에서 태음인 아이는 매우 당황할 수 있다. 이러한 갑작스런 변화는 태음인에게 스트레스를 주기 때문에 미리 일정을 말해서 준비할 시간을 주어야 한다.

또한 너무 많은 변화들에 한꺼번에 노출되는 경우에는 더 많은 스트레스를 받는다. 부모 입장에서는 누구나 다니는 영어학원, 논술학원, 태권도 도장, 음악학원 등 다 보내고 싶겠지만 태음인 아이에게 이러한 학원 순례는 오히려 부작용을 불러올 수 있다.

특히, 소양인 엄마가 태음인 아이를 다룰 때 유의해야 하는 사항은 태음인은 소양인처럼 처음 시도하는 일의 좋고 나쁨을 빨리 결정하는 성격이 아니라는 점이다. 태음인 아이가 새로운 과목을 좋아하기까지 많은 시간이 필요한 것도 이 때문이다. 하나에 익숙해지기도 버거운 태음인에게는 새로운 일의 동시다발적인 진행은 적응하기도 힘들 뿐만 아니라 나머지까지 흥미를 잃게 할 수 있다.

더욱 나쁜 상황은 이럴 경우에 욕심이 많은 태음인 아이는 모든 것을 다 하려 하거나 어떤 것을 그만 두어야 할지 모른다는 것이다. 어떤 아이는 계획을 짜는 데 시간을 다 써 버리기도 한다. 그러므로 부모는 아이에게 명확한 상황을 이해시키고 취사선택과 우선순위의 중요성을 가르쳐야 한다.

건강관리 조언

게으름을 피우고 누워서 군것질하는 것을 좋아하는 태음인 아이에게 가장 필요한 것은 몸을 계속 움직이는 것이다. 태음인의 특성 자체가 전반적으로 기가 잘 소통되지 않기 때문에 자꾸 졸리거나 피로를 느낄 수 있다. 조금 힘들어도 운동을 가볍게 하거나 졸릴 때 산책을 하는 것은 태음인의 스트레스를 완화시키고 건강을 유지시킨다.

　태음인이 건강이 나빠질 때는 배변이 잦아진다거나, 몸이 무겁다거나, 졸음을 자주 느낄 수 있다. 특히 몸이 자꾸 붓는 것은 전체적 기 순환상태가 매우 좋지 못한 것이다. 이런 경우에 조금만 공부를 해도 배가 고프고 군것질을 자주하게 된다. 또한 운동하지 않고 책상 앞에 오랜 시간 앉아 있게 되면 소화가 잘되지 않고 배변에도 문제가 생기고 몸은 자꾸 무겁고 졸리게 된다. 이런 악순환을 피하기 위해서는 시간에 쫓기는 시험기간이라도 잠시 여유를 갖고 몸을 움직이는 것이 전반적인 효율에 도움이 된다.

　태음인 아이는 잘 먹고 잠을 잘 잔다. 이런 특성 때문에 태음인 아이를 키우는 데 별다른 어려움이 없다. 하지만 진학을 앞두면 태음인 아이들이 엄마를 힘들게 하는 일이 자주 발생하는데, 바로 잠 때문이다. 성장기에 있는 태음인 아이는 자고 또 자도 잠이 모자란다. 잠의 포로가 된 태음인 아이는 책상에 앉기만 하면 졸고, 등을 기대기만 하면 코를 곤다. 이런 아이 때문에 엄마들은 한의원에 와서 총명탕을 처방해 달라고 한다. 하지만 총명탕은 아무나 먹어도 되는 처방이 아니다.

　총명탕은 원지, 백복신, 석창포가 들어가는 한약으로 공부를 열심히 하느라 잠잘 시간을 놓친 사람이 잠자리에 누웠는데도 잠이 오지 않고, 오늘 공부한 내용이 머릿속에 아른거려 잠에 빠지지 않는 사람에게 좋은 처방이다. 그렇기 때문에 잠이 많은 태음인 아이가 총명탕을 먹으면 오히려 잠이 더 많아지고 공부 시간도 줄어든다. 태음인 아이에게 필요한 것은 잠을 줄이고, 짧은 시간에 깊은 잠을 잘 수 있도록 처방해야 한다. 태음인 조위승청탕이나 태음조위탕이 더 효과적이다.

연석이는 전교 등수에 들어가는 고등학교 2학년 남자 아이이다. 엄마와 함께 병원에 왔을 때 보니, 온 이마와 얼굴에 여드름이 덕지덕지 난 순진한 태음인 아이였다. 평소에 보는 시험에서는 전교 등수에 드는데, 막상 중요한 중간시험이나 기말시험 때는 스스로 흥분해서 잠도 깊이 자지 못하고 알고 있던 문제도 틀리는 등 체면이 말이 아니라고 했다. 그래서 시험이 시작되기 1주일 전부터 매일 3번씩 총명탕을 먹이라고 했더니 감감 무소식이었다. 그런데 1학기가 다 지날 즈음 엄마가 병원에 와서 지난번 약을 지어 달라고 했다. 그 이유를 물었더니 지난번에 약을 먹고 전교 1등을 했고, 이번에도 시험이 시작되기 전에 약을 먹어야 한다고 아들이 말했다는 것이다.

연주는 태음인 여자애인데 중학교 2학년이다. 평소에는 학원에서 주는 숙제를 하느라 밤늦게까지 공부하고 낮에 졸기 일쑤인데, 시험기간이 되면 공부 욕심은 나는데 몸이 따라 주지 않아서 자꾸 졸기 때문에 짜증이 있는 대로 난다고 했다. 방학에는 자기 시간표에 맞게 공부를 잘하는데, 학기 중에는 학원 공부와 학교 수업을 동시에 따라가느라 너무 힘이 들고, 시험기간이 되면 체력이 고갈이 되어서 잠시 눈을 붙인다고 생각하고 눕게 되면 몇 시간 동안 잠에 빠지기 때문에 원하는 만큼의 공부를 못해서 엄마를 들들 볶는다고 했다. 또 방학이 되면 느긋하게 운동도 하면서 체중이 줄어드는 데 비해, 학기 중에는 시험 때가 되면 식욕을 주체할 수가 없어서 살이 찌기 때문에 몸매에 대한 불만도 높다고 했다. 그래서 조위승청탕을 처방하면서 시험기간 중에만 먹으라고 했더니 효과가 좋았던 모양이다. 시험이 끝나고 나서도 계속해서 조위승청탕을 달라고 했고, 지난 학기 중에는 키가 자라는 것에 비해서 체중이 덜 늘었다고 싱글벙글했다.

조위승청탕은 태음인 아이에게 좋은 처방인데 율무, 밤, 무우씨, 오미자, 도라지가 들어간 처방으로 몸을 가볍게 하면서 잠을 줄이고, 속을 편안하게 하는 처방이다. 처방 내용은 율무 · 밤 각 12g, 무씨 6g, 길경 · 맥문동 · 천문동 · 오미자 · 원지 · 석창포 · 산조인 · 용안육 · 마황 각 4g이다. 체중 조절에도 도움이 되고 호흡기를 보강하면서 원기를 나게 하는데, 대변이 묽고 하루에 3~4회씩 보는 경우에 효과적이다. 다만 깊은 잠을 이루지 못하고 변비가 심한 아이에게는 나쁠 수도 있다.

대인관계

대인관계에 있어서 태음인은 겉으로는 매우 유순해 보일 수 있다. 원래 남의 것에 대한 섣부른 판단을 하지 않는 태음인은 남의 의견에 동조를 잘하는 편이다. 하지만 이러한 태도는 겉으로 드러나는 모습이며 본인의 마음속에는 뚜렷한 주관이 있는 경우가 많다. 특히 교만한 마음에 빠진 태음인은 남의 이야기를 듣기보다는 자신의 이야기를 하는 것을 좋아하고 남의 이야기를 듣기 싫어한다.

한번 다툰 친구와는 오랫동안 말을 하지 않거나 화해하고 난 뒤에도 마음에 담아두는 것은 태음인의 단점 중의 하나이다. 태음인은 다른 사람과 적극적으로 소통하고 대화하고 토론하는 것이 좋다. 태음인 아이들은 어릴 때부터 자신의 생각을 논리적으로 표현하게 하고 다른 사람이 하는 것을 기다려주는 습관이 들게 하는 것이 좋다. 운동도 혼자 하는 운동보다는 단체운동이 좋으며 뭐든지 협동해서 하는 것이 좋다. 태음인에게 좋은 친구는 경험을 넓히게 하는 대상이며 새로운 것에 대해 겁내는 마음을 극복하게 하는 좋은 조력자가 될 수 있다.

태음인의 대인관계에서 나쁜 점은 우리 편과 다른 편을 나누는 것이다. 태음인은 기본적으로 집안사람이나 가까운 사람에게는 무척 관대하고 친절한데 자기편이 아니라고 생각되는 경우에는 공격성을 보이거나 제압하려하는 경향이 있다. 특히 어린 태음인 아이는 자기 동생만 편드는 경우가 많고, 장난감을 가지고 놀 때도 '이것은 내 장난감이니까 내가 먼저 실컷 가지고 논 다음에 너희들이 가져라' 라는 식으로 생각한다. 이러한 인색한 태도는 넓은 교우관계를 방해한다. 자신의 것을 내어 주고 양보하는 것은 태음인에게 꼭 필요한 미덕이다.

태음인 아이는 대인관계가 자신의 뜻대로 되지 않을 때 물질적으로 자신이 가진 것을 과시함으로써 친구를 사귀려고 하는 경우가 많은데, 그러한 풍족한 모습이나 배경을 보고 아첨하는 친구들이 생길 수 있다. 태음인에게 필요한 친구는 겉모습보다는 내실이 있으며 의리가 있는 진실한 친구이다.

태음인 얼굴에 슬픈 기색이 나타나는 것은 본인이 베푼 만큼 받지 못해서 그러하다. 태음인은 자신이 해 준 만큼 일일이 받기를 원하지는 않으나 자신이 마음을 쓴 만큼 다른 사람이 알아주기를 바라며 어느 정도 고마움에 대한 보답을 원한다. 만약 주고받기가 예상대로 되지 않으면 은근히 섭

섭함을 느끼는 경우가 많다. 이럴 때에는 태음인 아이에게 상대방이 본인의 마음을 알고 있으며, 본인의 편임을 깨닫게 한다면 당장에 보답을 받고 싶어 하는 마음을 달랠 수 있다.

소양인 아이

소양인 아이의 생활

소양인은 우리나라 인구의 약 30%를 차지할 정도로 상당히 많은 편에 속한다. 행동이 빠르고 직선적이어서 한국인의 심성을 대표하는 체질이지만 좀 더 깊이 생각하고 지구력을 기르고, 부드럽고 어진 어머니의 가르침을 받을 수 있으면 뛰어난 전문가로 성장할 수 있다.

소양인은 세상을 긍정적으로 보려고 한다. 그래서 좋지 않은 상황에 처해 있으면서도 항상 희망을 얘기하고, 게임이 거의 끝나갈 즈음에도 역전의 기회를 노리며, 단 한 번의 성공으로 많은 실패를 보상받으려고 할 만큼 기회 만들기에 모든 노력을 경주한다. 하지만 기본이 잘 갖추어진 경우에 성공의 가능성이 많은 것이 사실이다. 따라서 항상 기본을 잘 배우도록 어릴 때부터 교육하고 부모가 모범을 보여야 한다.

소양인 아이의 장점은 솔직하고 숨김이 없으며, 얼굴에 그 진실이 다 드러나는 데 있다. 현재 마음이 편안한지 아닌지 얼굴에 다 씌어 있기 때문에 조금만 관찰하면 알 수가 있다. 설령 애써서 감추려고 해도 몇 마디 대화를 나누면 스스로 다 털어놓는다. 협상의 상대자로서 소양인은 너무 편한 대

상이다. 다만 협상을 할 때는 진실해야 소양인의 신뢰를 얻을 수가 있고, 평소에 부모나 선생님이 자신을 믿어준다는 신뢰를 갖고 있어야 속사정을 털어놓고 대화의 상대로 인정한다. 한번 신뢰를 잃으면 대화의 상대자로 인정하지 않고 아예 대화를 기피할 수도 있다.

외출해서 쇼핑하다 보면 소양인 체질인 아이가 쇼핑센터 바닥에 뒹굴면서 떼를 쓰는 경우를 보게 된다. 이럴 경우 대부분의 엄마들은 남의 눈치 때문에 아이가 원하는 것을 들어준다. 이런 대처 방법은 상당히 잘못된 것이다. 아이는 엄마가 남의 눈치 때문에 자기의 주장을 들어주는 것을 알고 스스로에게 망신을 주면서도 결국 원하는 것을 얻으려 한다. 이런 행동을 잘하는 것이 바로 소양인 아이의 좋지 않은 특징 가운데 하나이다.

소양인 가운데 어릴 때부터 바른 가치기준을 잡지 못한 사람은 어른이 되어서도 자신에게 매우 인색하게 행동한다. 소양인이 스스로에게 엄하면서 다른 사람에게 관대하게 하는 것이 존경스럽게 보일 수도 있지만 그 인색함이 지나쳐서 결국 자기 건강과 자존심을 손상시키는 경우에 이르게 되면 다시 되돌릴 수 없는 지경에 이르게 된다.

소양인 아이의 시간개념

소양인은 급하게 하는 것을 좋아한다. 약속된 시간보다 일을 빨리 마치고, 남들보다 빨리 정상에 올라가서 천천히 올라오는 사람들을 무시하거나 핀잔주는 재미를 즐기기도 한다. 소양인 아이가 어깨를 흔들면서 걸어갈 때는 무엇인가 실수할 수 있다. 소양인 아이는 태음인이나 소음인 아이보다 기운이 쉽게 동해서 다른 사람이 천천히 느리게 생각하고 행동하는 것을 보면 어리석다고 업신여긴다.

아기 때도 제대로 걷지도 못하면서 빨리 걸으려 하다가 넘어지고, 자세가 충분히 안정된 상태도 아닌데도 다음 동작을 하다가 모서리에 이마를 찧기도 한다. 이런 행동이 쌓이다 보면 시험을 볼 때도 마음이 급해서 서둘러서 답을 기입하다 한 칸을 띄우고 쓰기도 한다. 따라서 소양인 아이에게 정확한 시간개념과 일의 처리과정을 잘 파악하도록 교육할 필요가 있다.

두 마리 토끼를 다 잡을 수는 없다

소양인 아이는 어떤 일을 진행하고 있을 때도 다른 생각들이 샘솟듯이 솟아난다. 수학을 공부하다보면 영어가 떠오르고, 영어를 공부하다 보면 국어가 떠오른다. 결국 하나의 공부에 깊이 빠지지 못하고, 영어 찔끔, 수학 찔끔, 국어 찔끔 보다가 어느새 시간이 다 흘러간다.

소양인 아이들이 추구해야 될 공부법은 한 우물을 파는 것이다. 학습지를 해도 하나를 몇 번씩 보도록 해야 한다. 책도 한권만 보되, 책을 덮었을 때 공부한 면이 새까맣게 변하도록 봐야 한다. 책을 많이 사주면 모든 책을 찔끔거리다 결국 하나의 책도 제대로 소화하지 못한다. 하지만 공부에 흥미를 잘 느끼지 못하는 어릴 때는 얇은 책이나 삽화가 많은 책을 사주는 것도 좋은 방법이다.

특히 중간시험이나 기말시험을 앞두고 마음이 급해서 이런 방식으로 공부하는 소양인 아이가 많은데 그 결과는 불을 보듯 뻔하다. 시험 당일 벼락치기 공부를 이런 방식으로 하는 경우 좋은 성과를 거둘 수 없다. 사실 벼락치기 공부법이 나쁜 것만은 아니다. 누구나 항상 준비를 잘할 수는 없고,

기한을 정해 놓은 시험에 집중해서 공부한다. 목표를 세우고 공부하는 아이들도 있겠지만 그렇지 않은 경우가 더 많기 때문에 벼락치기 공부는 그 과목을 이해하고 정리하는 데 좋은 기회가 된다. 따라서 벼락치기 공부를 잘 이용해서 집중력을 높이는 기회로 이용할 필요가 있다. 다만 정해진 시간 안에 효과를 올리기 위해서는 공부에 돌입하는 시간을 절약하고 곧바로 시험공부에 들어갈 수 있도록 평소에 과외수업이나 학원수업 시간에 여러 번의 수시시험을 통해 기초 지식을 숙달시킬 필요가 있다.

사회과목 같은 암기과목의 경우에는 짧은 시간에 집중력을 발휘하면 충분히 좋은 성과가 나오기 때문에 벼락치기 공부법을 이용하는 것이 좋지만 수학이나 화학 같은 과목의 경우에는 벼락치기를 하려고 해도 진도를 나갈 수가 없기 때문에 평소에 재미를 느낄 수 있도록 공부법을 바꿔야 한다.

여러 색의 필기구를 사용하여 시각적으로 구분이 잘된 노트 정리가 소양인 아이에게 도움이 된다. 이러한 노트 정리는 개념과 체계가 잘 정리되고 기억을 떠올릴 때도 편리하다. 하지만 지나치게 많은 색을 사용하는 것은 집중력을 떨어뜨리는 이유가 될 수 있기 때문에 2~3가지 이내의 색연필을 사용하는 것이 바람직하다.

빠른 시간 안에 성과를 내고 싶은데 생각대로 잘되지 않는 것이 소양인 아이의 심리이다. 천리길도 한걸음부터 시작되고, 시작은 반이라는 사실을 누누이 강조해야 한다. 기본개념을 이해하지 않고 무턱대고 외운다고 해결되지 않는 것이 공부이다. 그런데도 불구하고 무조건 열심히 외우려고 하고, 줄을 그어가며 머릿속에 기억하려고 하면 이내 지치고 집중력이 떨어진다.

무리한 목표를 설정하고 억지를 부리는 경우에는 작은 성공조차 이룰 수가 없다. 따라서 현명한 공부법은 소양인 아이가 도달할 수 있는 목표를 설정해 주고 1차 목표가 달성되면 그것에 대해 충분히 축하를 해 줄 필요가 있다.

아는 것이 힘이다

소양인 아이가 얼굴에 무뚝뚝한 기색을 나타내고 있을 때는 얼른 부모가 그런 표정이 나쁘다는 것을 고쳐줄 필요가 있다. 소양인 아이가 자신보다 약한 누군가에게 모질게 굴거나 마음으로 교만한 생각을 하면 얼굴이 무뚝뚝해지게 된다. 가치관이 바르지 못한 소양인 아이는 신의가 있고 마음까지 어진 완벽한 사람을 보면 기가 죽고 공손해진다. 따라서 부모의 행동이 바르고 항상 무언가를 배우려고 하고 어진 마음이 있으면 소양인 아이는 부모를 따라 공부하게 된다. 프랜시스 베이컨이 "아는 것이 힘이다"라고 말한 것이 바로 소양인 아이에게 해당되는 말이다.

소양인 아이가 가까운 집안사람에게는 쩨쩨하게 대접하고 별로 가깝지 않은 사람이나 처음 보는 사람에게는 매우 잘하는 경향이 있으면, 이는 정말로 잘못하는 행동이다. 이런 아이를 볼 때마다 안타까운 것은 그러한 행동이 바로 아이가 잘못 나가고 있는 증거이기 때문이다. 그 밑바탕에는 다른 사람들이 자기를 무시하면 어쩌나 하는 마음에서 친한 사람보다 더 잘하고, 그런 얄량한 배품으로 다른 사람들이 자기를 좋게 봐주리라는 상상을 하기 때문이다.

소양인 가운데 넓고 깊으며 보편적인 지식을 공부하지 못한 사람은 자신을 고상한 것처럼 과장해서 꾸미고, 출세하여 명예를 드날릴 생각으로 급한 마음을 내게 된다. 그렇다 보니 잘 나갈 때는 하는 일마다 다 잘되고 주위의 여러 사람에게서 인정을 받게 되는데, 그런 단계를 뛰어넘기 위해서는 열심히 공부해야 한다. 하지만 지혜롭지 못한 소양인 아이는 어느 정도에서 만족하고 머물고 만다. 한때 공부 잘했던 소양인 아이들이 중학교 3학년이나 고등학교 3학년을 넘기고 대학이라는 큰 매듭을 지을 단계에 이르지 못하는 경우가 많은데 바로 이런 이유 때문이다.

소양인 아이에게는 멘토가 필요한데 집안사람보다는 선생님이나 선배가 좋고, 학교 선배보다는 개인적으로 연대할 수 있는 모임의 선배가 더 좋다. 아니면 가까운 친척보다 먼 친척이나 이웃의 선배가 좋은 멘토가 될 수 있다. 아이가 가고자 하는 길을 현재 가고 있는 사람이 알려주면 더 잘 따르고, 그 사람을 목표로 열심히 노력하여 결국 그 사람을 능가할 수 있는 위치에 오를 수 있다.

곤경에 처했을 때 해결책

다른 체질에 비해 소양인 아이들은 사소한 곤경 앞에서도 쉽게 생각하고 회피하려는 경우가 많다. 잘못했으면 있는 그대로 인정하고 사과하면 될 것을 얄팍한 술수를 부리다가 돌이킬 수 없는 상황을 만들어 낼 수가 있으므로 항상 잘못을 시인할 수 있도록 해야 한다.

또한 소양인 아이는 난처한 경우에 빠지더라도 곧 그런 난국을 헤쳐내고 정말로 커다란 명예나 포상이 눈앞에 나타날 것으로 착각한다. 그래서 꼬리에 꼬리를 물고 이유를 갖다 대거나, 말도 되지도 않는 과장이나 엉터리

해명을 하는 경우가 많다. 이런 일이 생기기 않도록 부모는 어릴 때부터 작은 일부터 대화를 하도록 해야 한다.

대화를 나누면서 섣부른 결론이나 정답을 제시하기보다 어떤 과정을 거쳐 최상 또는 차상의 해결책이 도출되도록 아이와 함께 해답을 찾아가는 과정을 보여줘야 한다. 아이가 힘들까봐 엄마가 힘든 일이나 숙제를 대신하는 것은 아이의 가능성마저 없애 버리는 일이다. 비록 실패하거나 실수해서 망쳐 버린다고 하더라도 끝까지 아이에게 키를 잡도록 해야 한다.

누구나 처음에는 실수하기 마련이고, 부모 눈에는 아이의 행동이 안심이 안 될 수밖에 없다. 하지만 아이가 걸어가야 할 인생이란 노트를 펼쳐 보면 그런 과정은 결코 실패가 아니다.

반성은 실수를 인정하는 것이기도 하지만 나중에 그런 실수를 되풀이하지 않겠다는 자신의 다짐이다. 그렇기 때문에 아이가 반성할 수 있도록 기회를 만들어 주는 것은 현명한 부모가 할 수 있는 최선의 도움이다.

소양인이 어떤 일에 한 발짝 뒤로 물러나서 관찰하지 않고 지나치게 적극적으로 앞으로 나아가면 몸과 마음을 다치게 된다. 소양인의 장점은 하나의 일에 몰두하면 다른 모든 것을 돌아보지 않는 것이다. 구한말 어려운 상황에서 민족을 위해 한목숨 바친 많은 선열 가운데 상당수가 소양인 체질이다. 소양인은 웬만해서는 자신의 주장을 굽히지 않고 끝까지 자기가 선택한 길을 간다.

어릴 때는 잘못된 길을 선택할 수 있기 때문에 어떤 일을 하더라도 한 발짝 뒤로 물러서서 다른 사람인 경우에는 어떻게 처리할까 생각하고 다른 의견을 구해 보면, 내가 아닌 남을 사랑하는 신의가 더욱 쌓이고 결국 실패

없이 일을 마칠 수 있다. 그렇지 않고 앞만 보고 달려가다 보면 주위에서 도와줄 수 있는 입장이었던 사람들조차 한마디 말조차 하지 못하고 지켜볼 수밖에 없게 된다. 그러므로 소양인 아이는 다양한 경우의 수를 추론할 수 있도록 도와주어야 뛰어난 재목이 될 수 있다.

건강관리 조언

부지런한 소양인은 어느 정도의 기력만 있으면 몸을 움직이고 하루에도 몇 번씩 밖으로 나가려고 한다. 시험 준비로 일요일 아침부터 방에서 공부를 하다가도 오후가 되면 엉덩이가 들썩들썩하고, 머리가 지끈지끈 아플 때 잠시 공원이나 서점에 다녀오면 마음이 차분해진다. 소양인은 평소에도 무엇인가 마음이 불편하면 머리가 띵하거나 어지럽고, 마음이 들떠서 왔다 갔다 하면서 집중을 하지 못한다. 이럴 때는 샤워를 하거나 방 청소를 하고, 책상 정리를 하도록 시킬 필요가 있다.

소양인 아이는 일찍 자고 일찍 일어나도록 하면 효과적인 생활을 할 수 있다. 해가 뜨면 일어나고, 적어도 12시 이전에는 잠자리에 들도록 습관을 들이는 것이 좋다. 기운이 잘 발동하는 소양인은 이른 아침 시간에 집중력이 높다. 그러므로 아침 일찍 일어나 간단히 세수하고 논리를 필요로 하는 과목에 집중하도록 하면 상당한 성과가 나타날 수 있다.

소양인 체질 가운데 체력이 약한 사람들은 오후 늦게 얼굴로 열이 달아오르면서 머리가 아플 수 있고, 집중력이 떨어질 수도 있는데, 이럴 때는 휴식을 취하거나 명상에 잠기도록 훈련할 필요가 있다. 해가 넘어갈 즈음에 벤치에 앉아 서산을 바라보거나 편안한 내용의 책을 읽으면서 생각에 잠기도록 시간표를 짜면 스스로 만족할 수 있는 하루를 보냈다는 느낌이 들고, 이런 과정이 여러 번 반복되면 깊은 사색을 통해 점점 긍정적으로 사고가 바뀐다.

소양인 아이는 열기가 많아서 얼굴이나 피부에 염증이 잘 생기는데 사춘기 때에 기름진 육류를 지나치게 많이 섭취하면 여드름이 매우 심하게 나기도 한다. 매운 음식을 좋아하는 소양인 아이는 뱃속이 불편해서 방귀를 많이 뀐다. 이런 아이는 고추, 후추, 마늘, 생강 등의 향신료 섭취를 줄이면 방귀가 줄고, 속도 편안해진다. 입맛이 까다로운 소양인 아이는 특별히 매운 음식을 즐기는데, 이런 생활방식은 정신적 안정에도 나쁜 영향을 주고 집중력도 떨어뜨리고 나중에 위염을 발생시키므로 어릴 때부터 식습관을 바꿀 필요가 있다.

소양인 아이는 항상 음기(陰氣)가 부족하고 양기(陽氣)는 넘친다. 그렇기 때문에 자극적인 음식보다는 담백하고, 싱거운 음식을 먹어야 성격이 모나지 않고, 다른 사람의 말을 잘 따르게 된다. 해산물과 야채를 자주 먹을 수 있도록 엄마가 음식 솜씨를 발휘하는 것이 좋고, 공부하는 도중에 먹을 수 있도록 씨를 뺀 과일과 녹차를 준비하면 심리적 안정에도 도움이 되고, 머리도 맑아진다.

중학교 3학년 여학생 소연이는 화려한 옷을 입은 엄마와 함께 병원에 왔는데, 엄마는 소연이의 건강상태를 설명하면서도 연신 눈치를 보았다. 소연이와 체질이 같은 엄마는 사회활동을 하느라 소연이에게 항상 미안함이 있었으며, 둘 사이에는 의견충돌이 많았다. 소연이는 중학교 2학년까지는 공부를 잘했으나 3학년이 되면서부터 학교 성적이 잘 나오지 않고, 몸에만 신경을 쓰는데 머리카락을 계속해서 만지고 고개를 숙이고 있었다. 엄마가 소연이에게 몸 상태에 대해 확인을 하려고 물으면 눈을 부라리고 짜증을 냈다.

주증상은 생리통과 여드름이었다. 누운 자세에서 복부를 눌러보니 우측 배꼽 주위에 통증이 많았고, 적외선 체열 촬영을 해 보았더니 배꼽 온도에 비해 배꼽 아래쪽 피부 온도가 약 4도 낮아 있었다. 그런 현상 때문에 항상 배가 아프고, 생리 때가 되면 허리와 배가 아파서 진통제를 먹고 있었다.

소연이는 일주일에 1회씩 배에 침 치료와 아랫배를 따뜻하게 하는 뜸 치료를 받으면서 한약을 복용했고, 매운 음식과 닭고기를 금기음식으로 하였으며, 매일 밤에 30분씩 천천히 걸으라고 했다. 그러자 1달이 지나지 않아 배 아픈 증상은 사라졌고, 얼굴의 여드름도 호전되었으며 엄마한테 부리는 신경질도 거의 사라졌다고 했다. 이제는 병원에 올 때 방글방글 웃기도 하고, 질문에 대답할 때도 얼굴을 들고 대화가 되는 수준에 이르렀다.

소연이에게 사용한 약은 형방사백산으로 가슴의 쌓인 열기를 풀어 주고, 방광과 허리 쪽으로 음기를 내려 주는 약이다. 한창 성장기 때의 아이들은 몸에 음기가 많이 부족한데, 이를 잘 모르고 너무 매운 음식을 먹고, 닭고기를 자주 먹으면 피부로 열기가 옮겨 가면서 여드름이 많아지고, 마음이 답답해진다.

형방사백산은 생지황 12g, 복령 택사 6g, 형개 · 방풍 · 석고 · 지모 · 독활 각 4g이다. 하루 3번 복용하는데 식후 2시간 후에 마신다.

대인관계

소양인 아이는 어떤 명예를 갖고 싶어 하기 때문에 초등학생 때부터 회장에 나가도록 할 필요가 있다. 말썽꾸러기인 경우에도 일단 직책을 맡기면 굉장히 열심히 하고, 그 다음에는 상당히 긍정적인 면으로 발전할 수가 있다. 다만 과외 선생님이나 담임선생님이 아이와 같은 체질이 아닐 경우에 효과적이다.

몸이 건강한 소양인 아이는 친한 사람을 잘 돕는다. 하지만 몸이 약하거나 체력이 떨어져서 부정적으로 세상을 바라보는 소양인 아이는 잘 모르는 사람에게는 공손하면서도 부모나 동생을 못살게 군다. 이런 아이는 버릇없게 보이기도 하거니와 상당히 좋지 않은 첫인상을 남들에게 심어줄 수 있으므로 대화를 통해 잘 설득해야 한다.

특히 체력이 약한 소양인 아이는 마음을 잘 열지 않고 대화 상대자로서 인정을 하지 않기 때문에 태음인이나 소음인 체질인 선생님께 상담을 의뢰하면 상당한 효과를 얻을 수 있다. 아니면 동생, 친구, 친하게 지내는 후배와 솔직한 대화를 나누면 의외로 자기의 입장을 드러내는 경우도 있다.

고려시대에 여몽연합군의 일본 원정본부가 마산과 제주도에 있었다. 이때 많은 혼혈이 이루어져 마산 사람들 중 골격이 큰 사람이 많은데 그 영향 때문인지 마산 사람들은 불의를 보면 참지를 못한다. 한국인의 기질 중 빨리 달아오르고 빨리 식는 습성, 예민한 감수성, 새로운 것을 두려워하지 않고 변화의 기회가 생길 때마다 발전하는 현상은 전형적인 유목민족의 습성과 일치한다. 이런 특성이 소양인의 성격과 일치하는데 소양인은 자꾸 앞으로 나아가고 뒤는 다른 사람에게 맡긴다. 몽골제국의 원주민은 얼마 되지 않았지만 전 세계를 호령할 정도로 많은 인재를 받아들인 것이 소양인의 기상과 일치한다.

　소양인 아이의 이런 심리특성을 잘 살려서 다양한 계층의 아이들과 친구관계를 형성하고, 일단 친구관계가 이루어지면 다른 아이한테로 옮겨가려는 마음보다 이미 친구가 된 아이와 잘 지내도록 집중력을 더 높이게 교육해야 한다. 진심으로 친구를 받아들일 수만 있다면 어떤 어려움이 있더라도 모든 것을 다 나눌 수 있는 친구를 만들 수 있게 된다.

　소양인 아이는 어릴 때 아주 똑똑하다. 그러나 정작 성공한 사람들의 모임에 가면 소양인의 수는 매우 적다. 한의대 학생들 중에서는 소양인을 찾기가 쉽지 않다. 체질적 분포를 보면 분명 소양인이 소음인보다 많고, 어릴 때 보면 소양인이 매우 똑똑한데도 어느 정도 나이가 들면서 지구력이 약한 소양인은 어느 한 분야에 그 능력을 집중하지 못하고 분산해 버리는 경우가 많다. 그 결과 한때 잘 나갔던 사람으로 만족하는지 모른다. 소양인들은 항상 '1만 시간의 법칙'을 잘 기억해야 한다.

소음인 아이

논리적인 소음인 아이

　호기심이 많고 집중력이 좋은 소음인은 우리나라 인구의 약 20%를 차지할 정도로 상당히 적은 편에 속한다. 기운이 약하고 표현력이 부족해서 처음에는 두각을 나타내지 못하지만, 학년이 올라갈수록 장점이 드러나게 되며 체력만 보강되면 어떤 조직에서든 인정받는 사람이 될 수 있다. 하지만 집중력이 한쪽에만 쏠려 그 이외의 것에 대해서는 잘 생각하지 못하는 경우도 있다.

영석이는 집중력이 아주 좋은 아이이다. 한 사물을 세밀하게 관찰하는 능력이 아주 뛰어나다. 소음인의 사고방식은 이렇게 부분을 세밀히 관찰한 후에 그 사물의 작동원리를 발견하고 나머지 부분에 적용해 나가는 것이다. 스스로 질문을 던지고 스스로 답을 하기 때문에 논리적인 사고를 잘하게 된다. 특히 영석이 같이 섬세하면서 지적이고 호기심이 풍부한 아이는 이런 방식으로 공부하는 것을 좋아한다. 세밀한 관찰력을 통해 기본적 지식을 쌓고 자기 논리대로 풀어 가면 예측대로 결과가 나오는 경우가 많다. 이런 소음인 아이가 "이건 왜 이렇게 되는 거야?", "이건 어떻게 움직이는 거야?"라고 물어보면 "이건 원래 그런 거야"라면서 문답을 끊어버리는 말을 하지 말아야 한다. 논리적인 설명은 아이의 사고를 기르는 데 더없이 좋은 자양분이 될 수 있다.

다만 너무 우쭐해진다거나 아직 공부하지 못한 나머지 부분을 알려고 하지 않으면 고집쟁이나 독불장군이 될 우려가 있다. 이는 논리적 사고가 한 방향으로 흐르기 때문이다. 그래서 다양한 내용의 교차점을 만들어 사고의 다양성을 만들 필요가 있다. 학습방법이나 매체가 많으면 더욱 좋다.

예를 들어 학교에서 세종대왕의 한글창제에 대해서 배우고 왔다면 집에서는 장영실 위인전과 비교해서 서로의 교차점을 만들어 주고 그 다음에는 조선시대의 신분제도에 대해 배우는 방법이다. 그러면 아이는 스스로 신분제도와 한글창제의 배경에 대해 생각하게 된다. 여기서 경복궁에 견학까지

간다면 금상첨화이다. 이렇게 얻은 지식은 2차원 구조에서 더 나아가 3차원 구조로 얽히고설키게 되면서 자기만의 사고체계를 갖게 되며 새로 습득한 지식도 이러한 구조를 이용해 해석하고 자기 것으로 받아들이게 된다.

같은 지식이라도 단순히 1차원의 수직적인 구조로 쌓이게 되면 지식의 깊이가 얕아 더 많은 지식을 그 위에 쌓기 힘들어지며 단순한 구조로 사고를 하게 되어 응용력도 떨어지게 된다. 이런 편협한 사고가 계속되면 결국에는 겸손하지 못하고 자기중심적인 아이가 될 수 있다.

학습은 흥미를 가지는 것 위주로 조급하지 않게

소음인은 섬세하고 예민한 특성이 있다. 음식도 많이 먹지 않아서 날씬하고, 얼굴과 몸매를 꾸미는 데 뛰어나서 미인과 미남이 많다.

소음인 아이는 자신이 구축하는 성(城)이 어느 정도 완성되지 않을 때까지는 밖으로 그 성곽을 보여주지 않는다. 부모나 선생님은 아이의 허술한 논리구조의 성곽이 변해서 강한 공격에도 견뎌낼 수 있는 튼튼한 방어역할을 할 때까지 기다려 주고 지속적인 배려를 해야 한다.

《맹자》에 이런 얘기가 나온다. 송나라의 어떤 농부가 모내기를 했는데 그 모가 좀처럼 잘 자라지 않았다. 어떻게 하면 빨리 자랄까 하고 궁리한 끝에 손으로 모를 하나씩 뽑아서 늘여 주었다. 그 많은 모를 하나하나 뽑고 녹초가 된 농부는 집으로 돌아와 자랑스럽게 "아, 피곤해. 모가 하도 작아서 잘 자라도록 도와주고 왔지"라고 말했다. 집안사람들이 놀라 논으로 뛰어가서 보니 모가 전부 말라 죽어 있었다.

여기서 유래된 고사가 조장(助長)이다. 소음인 아이는 절대로 조장해서는 안 된다. 다른 체질의 아이들에 비해 학습이 조금 느린 소음인 아이에게 부모가 옆에서 이러쿵저러쿵하면 아이가 싫어할 뿐만 아니라 자신의 사고체계를 만드는 데 혼동을 받게 된다. 특히 학습 진도를 재촉하게 되면 아이가 학습에 흥미를 잃게 되므로 주의해야 한다.

너무 오래 진도가 안 나간다면 비슷한 내용이 포함된 다른 공부를 하면 된다. 악기연주를 배우는 방법 중에 악보의 어떤 부분에서 막히면 다른 악보를 연습하다 다시 와서 해 보는 방법이 있는데 이와 비슷하다. 다른 공부에서 사고체계를 갖추고 다시 돌아오면 이해를 하면서 자기 것으로 만드는 경우가 많다. 중요한 것은 학습내용이나 학습방법에 대해 강요하는 것이 아니라 보다 다양한 환경에서 스스로 생각하고 학습하도록 하는 것이다. 그리고 잘못되거나 경직된 사고를 할 때에만 옆에서 바로 잡아야 한다.

그렇다고 하더라도 부모나 선생님이 아이의 입장을 무시하고 너무 적극성을 보이면 소음인 아이는 다시 뒤로 숨어 버리게 된다. 조금 힘들고 지루하겠지만 부모나 선생님은 속을 끓이면서 참아내고 기다려줘야 한다. 그렇게 하루가 지나고 이틀이 지나면 점차 아이는 자신의 껍질을 두껍게 만들고 그 넓이가 넓어져서 여러 개의 껍질이 하나의 커다란 성이 되고 몇 번의 전투에서 실패를 하더라도 꿋꿋이 견뎌내며 자기만의 영토를 확장해 나갈 수가 있게 된다.

일관성이 없는 산만한 교육은 금물

사람은 누구나 자기만의 에너지 범위를 가지고 있는데, 소음인 아이는 그 에너지 영역이 넓지 않고 좁은 범위에 집중되어 있다. 이런 소음인 아이에게 너무 넓은 범위의 과제를 주거나 다양한 주제를 한꺼번에 주면 어떤 것을 먼저 할까 고민만 하다가 아무 것도 하지 못하는 상황에 처하게 된다.

소음인 아이에게는 자기만의 공부방이 꼭 필요한데, 책상과 의자에 익숙해지고 책과 노트에 익숙해져야 비로소 공부에 들어갈 수 있다. 밖에서 운동하다 들어와서 책상에 앉는다고 해서 바로 공부에 빠져들지 못하는 아이가 바로 소음인 체질이다. 그렇다 보니 소음인 아이의 공부방은 자기에게 익숙해서 전혀 새로운 것이 없는 상황에서, 이전에 공부한 범위가 지속되면 금방 공부에 깊게 빠져들 수 있지만 공부 과목이나 단원이 바뀌고, 주제가 바뀌면 또 자기만의 의식화 과정을 통해서 그 변화에 적응할 시간이 필요하다.

공부방에 들어간 소음인 아이의 행동을 보면 먼저 책상 주변부터 정리하고 친구하고 전화해서 지금부터 30분 후에 공부할 테니까 전화하지 말라고 부탁하고, 내일 학교에 가져갈 것들을 가방에 챙겨 넣고, 잠 올 때 마실 간식거리를 언제 꺼내올까 미리 생각하고 그 다음에 책상에 앉는다. 그렇게 하는데 이미 생각보다 20분 이상이 걸리고, 막상 책상에 앉았더니 또 다른 것을 처리할 것이 생각나서 꼼지락거리며 정리한 다음에 비로소 공부를 한다. 그렇다 보니 이미 시간은 밤 1시를 지나고 공부할 것은 많은데 시간은 없고, 마음이 불편해서 누워도 잠이 오지 않는다. 당연히 다음날 아침에 잘 일어나지 못하고, 엄마가 몇 번을 깨워야 겨우 일어나 아침을 먹을 시간조차 없어서 그냥 빈속으로 학교에 가게 된다.

하지만 소음인은 이미 여러 번 공부한 과제라고 하면 쉽게 공부의 터널 속으로 들어가서 깊은 평안을 느끼고 자기만의 희열을 경험할 수 있고 다른 사람이 도와주지 않아도 그 과목이나 단원 안에서 북 치고 장구 치고 혼자서 잘 놀 수 있다. 그러므로 이 정도의 단계에 들어간 소음인 아이는 학년이 올라갈수록 공부에 재미를 느껴서 "세상에서 제일 쉬운 게 공부예요"라고 말할 수 있는 모범생이 된다.

소음인 아이에게는 여럿이서 공부하는 학원보다 과외 선생님을 붙여서 공부하는 소그룹 스터디를 시키면 효과적이다. 학원에 가면 매번 아이들이 바뀌고, 새로 만난 아이가 관심을 표시하면 그 아이에게 익숙해지는 데 시간이 걸리기 때문에 그 과목에 대해서는 흥미를 잃고 공부하고 싶은 마음도 사라진다. 그러면 모르는 것이 있더라도 질문조차 하지 못하면서 다른 사람이 질문해 주기를 바라는 소극적인 아이로 변하게 된다.

소음인 아이는 산만하고 일관성이 없는 집단교육을 접하게 되면 그 과목이나 단원에 대해 흥미를 잃게 되고, 이런 일이 자주 반복되면 다른 과목이나 단원에 대해서도 어느 것 하나 집중하지 못해서 자신의 논리를 만들지 못한다. 그뿐만 아니라 흥미를 잃은 과목의 시험을 위해 여러 가지 논리를 겨우 만들어낸다고 하더라도 그런 과목에서는 잘 맞지 않게 되고, 뚜렷한 두각을 나타내지 못하면 점점 의욕이 사라지게 된다.

공부를 잘하려면 일단 그 과목에 호기심과 흥미를 느껴야 된다. 춤추는 것도 처음에는 동작이 어색하고 율동이 다른 동작으로 넘어갈 때 자꾸 잊어버리지만 한두 번 하다보면 몸에 익숙해지고 수백 번은 해야 음악이 나오면 몸이 저절로 흔들린다. 유명 가수들이 어떤 춤을 선보일 때는 적어도 수천 번을 연습하고 나온다. 그렇기 때문에 십년의 세월이 지난 다음에도 그 노래를 연주하면 저절로 그 노래할 때 추었던 동작이 나오는 것도 몸이 그 율동에 재미를 느끼고 있기 때문이다.

　소음인 아이에게 제일 중요한 것은 흥미를 빼앗지 않는 것이다. 그러려면 많은 책을 한꺼번에 사다주고 "다음 달까지 다 읽어! 그렇지 않으면 다시는 사다주지 않을 거야!"라고 말하면서 부모의 도리를 다했다는 생각을 버려야 한다. 소음인 아이는 수시로 안아 주고 격려해 주고, 옆에서 같이 책 보는 시늉을 해야 안심하고 공부에 열중한다. 그렇지 않고 집안이 안정되지 않고 엄마나 아빠가 수시로 집안을 비우면, 아이는 공부보다 불안한 마음 때문에 딴 생각을 하게 되고 결국 공부에 흥미를 잃어버리고 만다.

　소음인 아이가 일단 흥미를 잃게 되면 자꾸 짜증을 내는 아이로 변한다. 특히 어떤 과목이든 기본적 지식을 쌓고, 그것을 바탕으로 다양한 상황에 맞는 논리를 만들어야 한다. 기본이 되는 지식의 범위가 넓지 못해서 논리를 억지로 만들게 되면 그 논리가 매우 얕고 약해서 자꾸 실패를 맛보게 된다.

　마음이 여린 소음인 아이가 몇 번 실패하면 나중에는 두려워서 다시는 아무것도 시도하지 않는 매우 소극적인 아이로 변하게 된다. 특히 우리나라 교육은 한번 단원이 지나가면 다시는 뒤로 돌아가지 않고 진도를 나가는 수업이 위주이기 때문에 한번 이해를 하지 못하면 다시 공부하는 데 대단한 노력이 들어가고 여러 사람의 도움이 필요하다.

　소음인 아이에게는 선생님의 칭찬이 가장 효과적이다. "칭찬은 고래도 춤추게 한다"라고 하는데 아마도 그 고래는 소음인 성향이 많았던 모양이다. 소음인 아이가 칭찬을 계속 받아서 실수를 더 이상 두려워하지 않고 다시 공부에 재미를 느끼게 만들어야 한다. 이때 제일 필요한 것이 바로 자신

감이고, 이 자신감을 계속해서 유지하려면 아이가 흥미를 느끼는 부분을 더욱 깊이 파고들게 해야 된다.

소음인 아이는 공부를 할 때 하나의 우물을 깊이 파야 한다. 그러면 나중에 판 얕은 우물들이 마른다고 하더라도 깊은 우물물은 마르지가 않는다. 깊이 판 하나의 우물물을 퍼내기만 하면 아무리 목이 말라도 자기가 마실 확실한 우물물이 있다는 것을 알기 때문에 용기를 잃지 않고 다른 넓은 지식의 영역으로 나갈 수 있다. 다시 말해서 집중력은 소음인의 알파이고 오메가이다.

소음인의 나태함은 최대의 단점

소음인 아이는 키만 돌리면 금방 시동이 걸리는 휘발유엔진과 다르게 많은 에너지를 투입해야 시동이 걸리는 디젤엔진과 같다. 하지만 디젤엔진은 엔진 효율이 휘발유엔진보다 뛰어나고, 한번 가속만 되면 엔진의 출력이 휘발유엔진보다 높다. 소음인 아이에게 필요한 것은 외부에서 공급되는 에너지가 상당히 많아야 한다는 점이다. 소양인 아이처럼 밖에서 운동하다 집에 들어와 세수만 하고 곧바로 공부에 몰입하는 타입이 아니라는 것을 알아야 한다.

소음인 아이는 자기가 이미 상당한 에너지를 투입해서 흥미를 느끼고 있는 것 이외에는 관심을 갖지 않는다. 소음인은 국가나 민족보다 자신과 가정을 위해 삶을 살려는 경향성이 크다. 이런 소음인 아이가 체력이 떨어지거나 공부에 흥미를 느끼지 못하면 아무 것도 하지 않고, 거울 앞에 앉아 스스로 '잘 생겼구나! 정말 멋있어!' 라면서 자신의 외모에 빠져 버리기도 한다. 실제로 소음인 아이는 이목구비가 잘생기고 기운이 상당히 조화롭다.

　공부를 잘하기 위해서 가장 필요한 것은 책에서 새로운 사실을 알아내고, 그런 새로운 지식을 쌓는 재미를 느껴야 한다. 좋은 책에는 저자의 전문성이 녹아 있기 때문에 흥미와 재미가 묻어 나온다. 그런 재미는 많은 에너지를 넣고 기다려야 시동이 걸리는 디젤엔진과 일맥상통한다. 따라서 부모는 어릴 때부터 아이에게 책이 꽤 쓸모가 있는 것이라는 사실을 심어줄 필요가 있다.

　소음인 아이 가운데 혼자서 생각만 하고 책을 좋아하지 않고 다른 사람과 대화를 자주 하지 않는 아이는 시각이 좁아서 다른 사람의 의견을 무시하고 자기의 입장만 내세우는 경우가 있다. 이런 소음인 아이는 시간이 지날수록 대화의 상대자가 줄어들고 독불장군처럼 일을 처리하다가 결국 옹고집으로 변한다.

　여러 책을 읽고 깊게 생각하는 소음인 아이는 상당한 지혜를 터득하고 다른 사람이 능력이 있는지 없는지를 잘 판단한다. 하지만 이런 아이는 저절로 만들어지지 않는다. 누군가가 옆에서 도와주고, 멘토로서 관심을 가져 줄 때 스스로 무거운 옷을 벗고 한발자국씩 앞으로 나아가서 더 높은 곳에 오를 수가 있다. 소음인에게는 상당한 노력을 기울여야 반응이 나타난다. 유비가 제갈공명을 얻기 위해 삼고초려해서 자기 사람으로 만들었던 것과 마찬가지이다.

　나태하거나 다른 사람에게 도움을 자주 요청하는 소음인 아이에게 성급하게 윽박지르거나 아이에게 상처를 줄 정도로 강하게 개입하는 것은 좋지 않다. 아이가 이런 식으로 반응하는 것은 애초부터 부모나 선생님이 다양한 경험을 시켜주지 못한 것이 원인이므로 늦더라도 다양한 교육환경을 조성해야 한다.

부모나 선생님의 지나친 적극성은 소음인 아이를 더욱 주눅 들게 만들 수도 있기 때문에 조심스럽게 아이의 입장에서 한발자국씩 다가가야 한다. 그러면서 아이에게 마지막 해결자는 본인이라는 사실을 확인시킨다. 아이 스스로가 아직 미완성의 단계에 있고 지금도 늦지 않았으며 아이가 기대고 싶어 하는 방어막이 완벽하지 않다는 것을 이해시켜야 한다. 또한 그 해결책이 아이나 부모가 가진 테두리 바깥에 있다는 것을 보여줌으로써 겸손과 실제 행동을 가르쳐 주어야 한다. 겸손은 누구에게나 필요하고 이 세상에는 안전하고 영원한 것이 없다는 사실을 자꾸 제시해 주면, 소음인 아이는 주변을 두리번거리다가 마침내 밖으로 발을 내딛게 된다.

올바른 사회성을 길러야 한다

소음인 아이가 체력이 떨어지면 자기 몸을 부지런하게 하지 않고 가족을 자꾸 부려 먹으려 한다. 병원에 입원을 하면 얼굴에 짜증이 가득하고 간병하는 부모나 친척을 못살게 군다. 특히 자기가 봐서 만만한 사람을 들볶고 잠시도 쉬지 못하게 한다.

소음인 아이는 어린 나이에도 섬세한 심리적 특성을 바탕으로 자기가 똑똑하고 재능이 있는 것처럼 행동하고, 시간이 나면 얼굴을 다듬고, 옷매무세를 잘 꾸민다. 그렇기 때문에 초등학생만 되도 옷을 입는 감각이 상당한 수준에 도달하고, 머리카락을 매만지고 얼굴 특성에 잘 맞는 옷, 신발, 가방, 액세서리 등을 잘 맞추려 한다. 이런 외모 꾸미기를 기반으로 해서 소음인 가운데 생각이 올바르지 못한 아이는 경제적으로 여유가 없고, 머리 회전이 빠르게 돌아가지 못하는 친구나 후배, 동생을 살짝살짝 골탕 먹이거나 속이는 데 능란하게 된다.

소음인 아이가 어릴 때부터 어떤 장점이 있는지 알아채고 그 방향으로 꾸준히 실력을 키우면 섬세한 부분까지도 자신의 장점을 잘 가미해 나갈 수 있다. 하지만 소음인 아이가 자기는 별로 장점도 없으면서 자꾸 남을 업신여기는 경우에는 따끔한 야단을 쳐야 한다.

소음인 아이가 계획을 세워 공부를 열심히 하면 얼마 지나지 않아 성적이 오르고 공부에 재미를 느낀다. 나중에는 스스로 노력하는 성실함이 밖으로 드러나게 된다. 하지만 남을 업신여기면서 자신을 편하게 하는 마음을 버리지 않으면 나이가 들면서 점점 더 어리석음이 깊어진다.

요즈음 형제가 많은 집이 없기 때문에 부모 입장에서는 귀한 아이가 편한 생활을 할 수 있도록 최선의 여건을 조성하려 하는데, 이런 환경이 소음인 아이에게는 오히려 독이 될 수도 있다. 일부러 힘든 일을 시키고, 어려운 심부름을 부탁해서 스스로 다른 사람을 만나고, 어른들의 의사를 정확히 전달하는 연습을 통해 아이는 점차 발전하면서 사회성을 키우게 된다. 소음인 아이에게는 이런 기회가 절대적으로 필요하다.

필자는 사상의학을 공부하면서 역사적 인물들의 행적을 정리해서 책을 쓴 적이 있는데 춘원 이광수는 나약한 소음인에 속한다고 보았다. 그는 초기에는 조선의 독립을 위해 몸을 아끼지 않았으나 태평양 전쟁이 시작되면서 일본 유력인사들의 권유를 받아 친일활동을 많이 했다. 그는 친일의 글도 많이 썼고 문학자 대표로 일본과 중국을 다녀오기도 했다. 태평양전쟁의 승리를 위해 마지막 발악을 하던 일제는 친일로 돌아선 춘원을 최대한 이용하기 위해 그의 친일강연도 강요했다.

　재판정에서 춘원은 자신의 행위를 변명 없이 인정했으나 "내가 걸은 길은 정경대로는 아니오마는 그런 길을 걸어 민족을 위하는 일도 있다는 것을 알아 달라"며 "나는 민족을 위해 친일했다"고 당당하게 주장하기도 했다. 그는 1945년 이후 4년간 돌베개를 베고 보리밥만 먹다가 얼굴이 마비되는 와사풍에 걸렸고, 나중에는 고혈압에 걸려 고생했다.

건강관리 조언

　소음인 아이는 스트레스를 받거나 음식을 잘 먹지 못하면 소화기관 쪽으로 영향을 받는다. 예를 들어 시험기간이 되면 태음인 아이는 식욕이 증가하고 많이 먹게 되면서 체중이 증가하는데 비해 소음인 아이는 입맛이 떨어지고 평소처럼 먹는데도 불구하고 자주 체할 수 있다. 평소에는 하루에 3끼를 잘 먹던 아이도 하루에 2끼를 먹기도 힘들어지며 결국 체중이 줄어들게 된다. 소음인 아이에게 가장 중요한 것은 '소화가 잘 되는 것'이다.

　예전보다 영양공급이 늘어나면서 소음인 아이들의 얼굴도 자꾸 커지고 있다. 성장기 때 잘 먹으면 얼굴이 커지면서 뇌도 점차 커지는 데 비해 턱이 상대적으로 작아져서 서양 사람처럼 얼굴이 길쭉하게 변한다. 지난 30년 동안 남자의 얼굴 넓이가 5mm 커질 동안에 여자아이는 10mm가 커졌고, 남자의 얼굴 길이가 9mm 커질 동안 여자의 얼굴 길이는 무려 12mm나 길어졌다. 요즘의 우리나라 사람들이 생각하는 미인의 얼굴 길이는 이제 18.6cm나 될 정도로 예전보다 얼굴이 커졌다.

소음인 아이는 몸이 약해지면 괜히 입가에 웃음을 띠고 비실비실 웃고, 의자에 앉아서도 다리를 흔들고 볼펜을 돌리는 등의 불안한 심리상태를 보이기도 한다. 체력이 약하고 깊은 잠을 이루지 못하는 소음인 아이는 얼굴에 짜증이 많고, 말을 할 때도 신경질을 부리는데, 이런 아이들은 소화가 잘되는 음식을 먹고 기름진 육류 섭취를 줄이면 잠도 잘 잘 수 있고 꿈도 줄어들게 된다.

소음인 아이가 기운이 좋고 체력이 좋을 때는 늘 마음이 즐거워서 얼굴 표정이 편안하고 볼에 살이 통통하게 쪄 있는 것을 볼 수 있다. 하고 싶은 것을 늘 할 수 있기 때문에 그런 표정을 짓는데, 이것이 지나치면 어떤 한 가지 일에 지나치게 빠질 수 있다. 그래서 소음인 아이가 혼자서 담배를 배우면 나이가 들어서도 담배를 끊지 못하게 된다. 어릴 때 나쁜 습관을 들이지 않는 것이 좋다.

소음인 가운데 자신은 숟가락 옮기는 일도 하지 않으려 하면서 사사건건 주위 사람들을 부리려는 경우가 있는데, 이런 상황이 되면 주위 사람들의 불평이 많아지고 나중에는 따돌림을 당하는 일이 생긴다. 특히 남자아이를 이렇게 키우면 편안해지려는 생각에 아무런 일도 시도하지 않는 나태한 사람으로 성장할 수 있으므로, 부모는 일찍부터 몸을 움직여서 얻는 신체적 만족감을 경험하게 해 주는 것이 필요하다.

정윤이는 올해 초등학교 6학년 남학생인데 골프를 아주 잘하는 골프 꿈나무이다. 초등학교 3학년 때부터 골프를 시작했는데 생각이 깊고 근육이 유연하면서 지구력이 강해서 또래 아이들과 경쟁을 하면 항상 이겼고, 청소년상비군에 뽑히는 영광도 안았다. 그런데 정윤이는 남모르는 고통으로 고생을 하고 있었는데, 긴장하면 나타나는 설사가 바로 그것이었다. 아빠는 사업도 뒤로 제쳐 두고 전국의 골프장을 정윤이와 함께 누비고 다녔다. 승합차를 개조해서 장거리 여행을 다닐 수 있게 만든 차안에서 공부와 휴식을 취하는 생활이 여간 심한 스트레스가 아니었나 보다. 그래서 시합이 있는 날이면 아침부터 배가 살살 아프고 시작 시간이 다가오면 반드시 화장실을 다녀왔다. 시합 중에도 화장실에 다녀오는 부담 때문에 늘 걱정이 많았다. 한 가지 다행스러운 일은 식욕이 좋고 항상 긍정적인 성격 때문에 주위의 또래들과 잘 어울린다는 것이 큰 도움이 되었다.

진찰한 결과 정윤이는 맥 에너지가 높고 식욕이 좋아서 아무 음식이나 많이 먹는 습관이 있고 배꼽 주위의 온도가 매우 낮은 상태였다. 그래서 일주일에 한 번씩 배꼽 주위에 뜸을 뜨고, 음식을 조절하면서 한약을 투여했더니 한 달이 지나면서 설사가 멎었다.

소음인 아이는 태어날 때부터 아랫배가 차갑고 위의 기능이 약하기 때문에 뜨겁고 양기가 많은 음식이 가장 필요하며 차가운 음식과 성질이 차고 서늘한 음식은 피해야 한다. 돼지고기, 녹두음식, 밀가루음식, 풋과일 등의 음식에 주의하면 그 효과가 빨리 나타날 수 있다. 정윤이에게는 십이미관중탕을 투여했는데 다른 아이들이 맵다고 말하는 데 비해 맛이 좋다고 하면서 잘 먹었다. 십이미관중탕은 적하수오, 백하수오, 건강, 양강, 진피, 청피, 대복피, 향부자, 익지인, 후박, 지실, 목향 각 4g씩 하루에 3첩을 달여서 식후 2시간에 마신다.

대인관계

소음인 아이는 새로운 환경을 접하면 쉽게 적응하지 못하고 오랫동안 그 환경을 관찰하면서 자기가 나설 때를 기다린다. 먼저 자기가 나서서 말을 걸거나 주장을 펼치지는 않는다. 수업시간이나 학급회의 중에 어떤 안건에 논쟁이 붙어도 좀처럼 자신의 의견을 내세우지 않으며 결정적으로 자기와 관련이 되는 일이 아닌 경우에는 입을 다문다. 비록 자기 생각과 다른 어떤 결정이 내려져도 대다수의 사람이 그쪽을 지지하면 자기도 그런 생각인 것처럼 아무런 내색도 하지 않고 그 결정에 따르기도 한다.

하지만 소음인 아이는 한번 친해진 아이와는 매우 밀접한 친분 관계를 유지하기 때문에 유치원에서 친해진 친구는 앞으로 대학을 거쳐 사회에 나와서도 지속적으로 연락을 취하고 좋은 관계를 갖는다. 소음인은 어떤 일을 하더라도 주로 자기와 가까운 사람들과 어울려 함께 지내면서 일을 도모하지, 모르는 사람을 끌어들여 일을 더 크게 확장하는 데는 별 가치를 두지 않는다. 그래서 동창회 활동에 상당한 열성을 보이면서 지연이나 학연을 유지 관리하는 데 탁월한 능력을 가진다. 어떤 모임에 참가하더라도 꾸준한 참석을 통해 친밀한 관계를 유지하면서 스스로의 능력보다는 조직의 힘을 빌려서 점차 권력을 확장하고 마침내는 총무를 거쳐 회장의 지위에 오르게 된다. 일단 회장의 자리에 오르면 소음인 체질은 상당한 카리스마를 형성하고 이전과는 전혀 다른 모습의 개성을 드러낼 수 있다. 자리가 사람을 만든다는 속담은 소음인 아이에게 적합하다고 볼 수 있다.

소음인 가운데 가치 기준이 건전하게 형성되지 않은 아이는 집안의 어른이나 부모를 힘들게 하고 학교생활을 통해 만나는 친구까지도 지치게 한다. 특히 요즘처럼 공부만 잘한다고 성공이 보장되지 않는 환경에서 소음인 아이들이 살아가는 방식은 점점 그 설 자리가 줄어들고 있다. 따라서 소음인 아이는 적극적으로 자신의 생각을 표현하고 어느 정도 생각이 조직적으로 이루어졌다고 판단되면 망설임 없이 주위 사람들에게 표현해서 자신의 존재를 알릴 필요가 있다.

소음인 가운데 체력이 약하거나 어릴 때 가정환경이 불안정했던 아이는 재능 있는 사람보다 자신이 조금이라도 더 나은 면이 있다고 판단되면 그 재능 있는 사람을 매장시키려는 생각이 자꾸 생길 수 있다. 그러므로 소음인 선배나 상사, 선생님을 대할 때는 더 계획을 치밀하게 해서 조심하지 않으면 상당한 피해를 입을 수 있다. 또 소음인 아이에게는 체력이 강하면서 논리적인 성격을 가진 과외선생님을 붙일 때 상당한 성과를 얻을 수가 있다.

소음인이 어느 정도의 힘 있는 위치에 있으면 현명하고 재능 있는 사람을 등한시하고, 부지런하고 진실한 사람을 어려워하는 경우가 생긴다. 그래서 현명하고 재능 있는 사람을 만나면 쉽게 접근하지 못하고 자꾸 자기의 능력과 비교하고 마음 상해하면서 큰 것을 위하기보다는 자신의 만족을 위해 능력 있는 사람을 못살게 굴기도 한다. 하지만 어릴 때부터 충분한 영양섭취를 하고 다양한 책을 통해 지혜를 쌓고 다양한 운동으로 체력을 키운 소음인은 부지런하고 진실한 사람이 자기 밑에 있으면 그 사람의 능력을 십분 발휘하도록 적절한 자리와 기회를 부여한다.

하버드 대학 연구팀에서 영국의학저널에 발표한 행복지수에 대한 연구논문을 보면 지난 20년간 매사추세츠 주 주민 4,700명을 대상으로 조사했을 때 행복한 사람이 옆집에 살면 행복지수는 34% 상승하고, 1.6km 이내에 거주하면 14% 상승했다고 한다. 또 행복한 친구가 500m 이내에 살면 행복지수는 무려 42%나 상승되었고, 3km 떨어져서 살면 20%가 상승하였다. 이처럼 행복한 감정도 세균이나 전염병의 바이러스처럼 주위에 전달된다. 또 불행한 사람이 옆집에 살면 불행지수는 15% 상승하는 데 그쳤지만 불행한 감정도 전달된다는 사실이 입증되었다.

따라서 소음인 아이는 자기의 주장보다는 다른 사람의 주장에 따라가는 경향이 많고 환경변화에도 민감하게 반응하기 때문에 평소 체력을 기르고 자신의 주장을 확실하게 전달하는 연습을 통해 세상을 적극적으로 경영해 나갈 준비를 해야 한다.

03
미래를 바꾸는 체질궁합

엄마와 아이의 체질궁합은 상당히 중요하다. 아이는 엄마를 통해 삶의 항해법을 배우고 가치 기준을 정립하게 된다. 임신 중에 엄마가 화를 잘 내면 아이도 화를 잘 내고 지구력이 약한 체질로 태어날 가능성이 높고, 엄마가 자주 웃고 세상을 긍정적으로 바라보면 아이도 세상을 살만한 곳으로 받아들이는 체질로 태어날 가능성이 매우 높다. 그래서 예전부터 태교를 중시했다. 단지 어떤 음식을 먹고 어떤 일에 참여하고 안하고를 규정하는 것은 좋은 태교법이 아니다. 한의학에서는 자식이 약하면 그 엄마를 보강해 주고, 엄마가 너무 강하면 자식을 약하게 해 주면 된다는 원리에서 침자리를 선택하는 기준을 제시했다.

예로부터 "주인이 배가 부르면 종들 배고픈 거 모른다"라는 말이 있다. 주인의 입장에서만 아랫사람을 판단하고 평가한다면 좋은 상하관계는 만들어지지 않듯이 엄마가 아이의 입장과 체질을 모르면서 열심히 노력해도 아이는 엄마의 마음을 제대로 이해하지 않는다. 사람은 누구나 다 자기 입장에서 상대방을 바라본다.

　아이와 엄마의 체질이 완전히 다른데도 엄마가 그런 사실을 모른 채 자신의 기준으로 아이를 판단하고 윽박지르면 아이는 엄마의 기대만큼 개선되지 않는다. 이때 엄마는 좌절하고 분노하다가 때로는 포기상태에 이르게 된다. 어떤 태음인 엄마는 소음인 아이가 밥을 제대로 먹지 않고 한 달에 20일 이상 감기약을 먹는 상태가 지속되자 병원에 데려왔는데, 아이의 체질특성에 대해 알려 주고 엄마가 먼저 아이를 이해하고 아이에게 모든 것을 맞춰야 한다는 체질궁합에 관한 조언을 했더니 상당한 충격을 받았다. 어떻게 엄마가 아이에 대해 그렇게 몰랐을까 하는 회한으로 체질에 대한 공부를 열심히 한 다음 많은 변화가 일어났다.

　엄마가 스스로 달라지니까 아이도 하루가 다르게 변화했고 6개월이 지난 다음 물어봤더니 엄마는 상당한 수준으로 아이를 이해하고 있었다.

　"과거의 저는 부끄럽지만 20점밖에 안 되는 엄마였다고 생각해요. 제가 아이한테 해 준 거라고는 밥 차려주고 학원만 보내는 것밖에 없었던 것 같아요. 아이가 신경질만 내고, 항상 저랑 먹는 것도 다르고, 생각하는 것도 틀렸기 때문에 많이 미워했어요. '쟤는 정말 이상하다. 별나라에서 왔나 보다! 왜 이렇게 맛있는 음식을 먹지 않고 입안에 물고 있을까?' 라고 생각하며 항상 그런 행동에 대해 막 짜증을 내곤 했어요. 그리고 매도 자주 들었고, '너는 왜 동생이랑 맨날 싸우니?' 라고 말하곤 했어요. 그런데 지금은 제가 보기에도 서로 많이 달라졌어요" 라고 말했다.

엄마와 아이가 같은 체질인 경우

아이의 눈높이와 기호에 맞춰서 해 주고, 잘못된 면에 대해서는 미리 대처할 수 있어서 좋다. 이미 자기 체질의 장단점을 몇 십 년 경험했기 때문이다. 자신의 지난 실수를 아이가 되풀이하지 않게 잘 지도할 수 있다.

엄마와 아이가 다른 체질인 경우

마치 친구처럼, 연인처럼 배역을 정해서 자신이 갖지 못한 면을 잘 할 때 칭찬해 주면 더욱 좋다. 단순한 연기가 아닌 솔직한 심정으로 표현을 해야 한다. 특히 절대 다수인 태음인과 소음인 엄마는 자꾸 표현을 해야 한다. 소양인 엄마는 약한 여성임을 자꾸 강조해야 한다. 아들을 둔 소양인 엄마는 절대로 "나를 따르라!"해서는 안 된다. 그러면 나중에 아이들이 어른이 되어서도 엄마를 자꾸 의지하게 된다.

소양인 엄마와 태음인 아이

소양인 엄마는 태음인 아이 앞에서 목소리를 낮춰야 한다. 엄마의 목소리가 너무 크면 아이는 주눅 들게 되고 겁을 내면서 행동으로 옮기지 않는다. 그러면서 항상 우리 엄마는 힘이 세다고만 생각하고 자신이 움직이려 하지 않는다. 소양인 엄마는 자신의 감정을 밖으로 드러내지 않도록 연습하고 노력해서 몸에 익혀야 한다. 아이는 항상 엄마를 의지하려 하지만 엄마가 현명해야 적당할 때 독립시킬 수가 있다. 동물세계에서도 엄마는 어느 순간 새끼를 독립시키고 홀연히 사라져 버리거나 새끼의 독립을 숨어서 지켜본다.

소양인 엄마는 자신을 돌보지 않고 아이에게 최선을 다한다. 하지만 그 수고가 일정하지 않고 기복이 심할 때가 많다. 기분이 좋을 때는 관용의 폭이 하늘처럼 높지만 화가 나 있을 때는 바늘 하나 들어갈 틈도 없이 엄격한 잣대를 들이대곤 하기 때문에 종잡을 수 없는 엄마의 성격에 대해 아이는 힘들어 한다.

태음인 아이의 음식기호는 소양인 엄마와 완전히 달라서 과일을 별로 좋아하지 않고 고기나 생선 반찬이 식탁에 없으면 잘 먹지를 않는다. 태음인 아이의 이런 음식기호에 소양인 엄마가 빠져 버리면 아이의 건강상태는 문제가 될 수 있다. 소양인 엄마는 태음인 아이를 가졌을 때 입덧이 심할 수 있고, 먹어도 괜찮은 음식은 육류나 밀가루 계통의 음식으로 한정되는데, 이런 음식이 바로 태음인 아이가 좋아하는 음식들이다. 특히 이런 음식은 비만이 될 가능성이 높기 때문에 태음인 아이의 체중조절에 나쁜 영향을 주게 된다.

소양인 엄마가 좋아하고 건강에 도움이 되는 음식은 육류보다는 채소류가 많다. 이런 식단은 음식솜씨가 좋아야 먹을 만하고 많은 시간이 소요된다. 하지만 태음인 아이는 이런 소양인 식단을 처음에는 전혀 좋아하지 않는다. 하지만 소양인 엄마의 건강은 물론이고 태음인인 아이의 건강까지 지탱해 주는 좋은 습관이기 때문에 절대로 포기하지 말아야 한다. 비록 나물 반찬을 만들기 위해서는 많은 시간과 노력, 맛을 내는 기술과 다양한 재료가 필수적이지만 시간을 할애해야 한다.

문제는 태음인 아이를 가진 소양인 체질의 직장인 엄마이다. 직장생활과 가정생활을 병행하는 것은 정말 초인적인 인내심을 필요로 하며, 아이를 돌보는 데 시간이 부족하고 출근 시간에 쫓기는 상황에서 이런 음식을 마련하기란 사실상 불가능하기 때문이다. 그래서 아이가 좋아한다는 핑계로 피자나 햄버거 등의 음식을 배달시키고 주말에 외식을 자주 하다 보면 어느 순간 아이의 몸매는 돌이킬 수 없게 변한다.

결국 이런 소양인 엄마는 최대한 많이 과일을 준비해 두고, 배고플 때 우선 과일부터 먹는 습관을 만들어줘야 한다. 음식은 습관이 매우 중요한데 이런 음식 기호는 초등학교 저학년 이전에 완성되며, 한번 만들어진 음식의 기호는 평생토록 지속된다. 특히 음식솜씨에 자신 없는 소양인 엄마는 식료품비 지출에서 과일의 비중을 늘려야 한다.

소음인 엄마와 태음인 아이

소음인 엄마는 태음인 아이와 음식에서 많은 차이점을 보이게 된다. 소음인 엄마는 음식 준비를 할 때 육류보다는 소화가 잘 되는 채소반찬을 위주로 식단을 구성하지만 아이는 육류나 생선 등 단백질 음식에 가치를 둔다. 또 아빠까지 아이와 같은 체질이면 매 끼니마다 육류가 나와야 식사를 하려 한다. 그렇게 되면 엄마가 좋아하는 음식은 기본 반찬목록에서 사라지고, 아이가 좋아하는 쪽으로 음식준비를 하게 되며, 엄마의 건강이 점차 약해지게 된다. 태음인 아이를 둔 소음인 엄마는 자신의 기호를 절대로 포기하지 말아야 하고, 엄마가 좋아하는 음식을 항상 준비한 다음 태음인 아이가 좋아하는 음식을 부수적으로 마련해야 아이가 건강해지고 집안의 건강도 점차 개선된다. 하지만 태음인 아이의 주장이 만만치 않아서 아이가 좋아하는 쪽으로 휩쓸릴 가능성이 매우 높다.

소음인 엄마는 어릴 때부터 태음인 아이에게 도움을 요청해야 한다. 엄마는 원래 보호받아야 하는 존재이고, 엄마가 요청하면 어떤 상황에서도 도움의 손길을 내밀어야 좋은 사람이라고 귀에 못이 박히도록 알려줘야 한다.

태음인 아이는 어릴 때부터 호흡기가 약하기 때문에 무, 머위, 들깨, 더덕, 도라지 등의 나물 반찬을 자주 먹어야 된다는 점을 알려주고, 식단에서 채소가 빠지지 않도록 하고 육류를 먹을 때도 채소 반찬이 기본이 되어야 건강에 도움을 준다는 점을 설명해야 한다. 특히 태음인 여자아이는 많이 먹지 않아도 체중이 나갈 수 있고, 근육조직이 단단해서 평소 운동을 자주 해야 한다.

또 태음인 아이는 성격이 무뚝뚝하고 속으로 생각만 하지 밖으로 드러내서 말 하는 경우가 적기 때문에 엄마가 자꾸 말을 걸어서 표현할 수 있도록 상황을 만들어 주어야 한다. 그래서 오늘 학교에서 무슨 일이 있었고, 피아노 학원에서는 뭘 했는지, 가장 재미있던 것은 무엇이었는지 얘기해 달라고 해야 한다.

태음인 엄마와 태음인 아이

　엄마와 아이의 체질이 모두 태음인 체질인 경우에는 식생활이 중요한 요소로 작용한다. 태음인은 많이 먹지 않아도 기초대사량이 낮아서 체중이 증가하게 되며, 어릴 때부터 야채와 과일을 별로 좋아하지 않는다. 엄마도 태음인 체질인 관계로 시장에 가더라도 육류부터 먼저 챙기고 생각이 많아서 일도 능률적으로 하기 때문에 많이 움직이지 않는다.
　태음인의 장점은 다른 사람의 말을 들으면 금방 자기 것으로 만드는 능력인데, 이런 장점 때문에 태음인 체질이 전체 인구의 50%나 될 만큼 많아졌다. 태음인이 더 발전하기 위해서는 몸을 움직여야 한다. 좀체 움직이려 하지 않는 태음인은 한번 앉으면 몇 시간도 앉아 있을 수 있다. 사우나탕에서 오래 버티기 게임을 하면 태음인이 가장 오래 견딜 수 있다. 그러므로 태음인은 운동을 생활화하고, 과식하지 않도록 하며 호흡기를 보강해야 한다. 이런 면에서 태음인에게 등산은 매우 좋은 운동이다.
　별명이 돌부처인 프로 바둑기사 이창호 9단도 태음인 체질이다. 20대 때 그렇게 잘 나가던 이창호 9단이 이전만큼 성적을 내지 못하고 있는데, 왜냐하면 나이가 들면서 몸을 움직이지 않아서 그렇다. 만약 이창호 9단이 1주일에 3번만 상체운동을 하고 땀을 흘리면 머릿속에서 돌아가는 연산이 지금의 몇 배나 될 것이다. 태음인 체질은 자꾸 움직여야 더 관대해지고 지혜로워진다.

태음인 엄마와 소양인 아이

엄마의 체질이 태음인이면 겁이 너무 많아서 아이의 적극적인 행동을 잘 이해하지 못하게 된다. 엄마는 주로 생각을 많이 하는 데 비해 아이는 행동이 앞선다. 그렇다 보니 엄마는 아이가 뛰거나 달려오면 그 행동을 이해하지 못하고 다칠까봐 겁이 나서 자꾸 불평을 하게 된다. 태음인 엄마는 자신의 생각을 아이가 잘 알아차릴 수 있도록 어릴 때부터 아이에게 많이 표현해줘야 한다.

엄마가 아무리 아이 생각을 많이 한다고 하더라도 소양인 아이는 그런 엄마 마음을 알아차리지 못하고 그냥 지나쳐 버린다. 엄마가 심사숙고해서 내린 결정인데도 불구하고 아이한테는 대수롭지 않게 여겨지고, 이런 일련의 사건이 지속되면 모자 사이에 정이 별로 생기지 않는다. 또 엄마는 가족들 생각에 힘든 상황에서도 희생을 하는데 아이는 가족보다는 집 밖의 다른 일에 관심을 두는 관계로 가치관의 차이가 많이 두드러지게 된다.

대체적으로 엄마와 아이가 체질이 다른 경우에는 상당히 좋은 체질궁합인데 태음인 엄마가 감정을 자꾸 표현하지 않으면 서먹한 관계가 형성되고 나중에까지 나쁜 영향을 미치게 된다. 엄마가 좋아하는 음식이나 기호품에 대해 속으로 감추지 말고 자주 말해야 단순한 소양인 아이는 그것을 기억하고 엄마를 위해 준비할 수 있다. 결코 소양인 아이는 엄마가 말해주지 않은 것을 먼저 떠올리지 않는다. 오히려 엄마가 10번 말해야 겨우 7개나 알아준다.

물론 나이가 들면 소양인 자식도 엄마의 깊은 뜻을 이해하게 된다. 그러므로 엄마는 감기에 걸리거나 마음이 아플 때 아이를 앞에 두고 자신의 상태에 대해 말해야 한다. 그냥 참고 지나가면서 "엄마는 괜찮아!"라고 말하면 소양인 아이는 진짜 그런 줄 알고 넘어가게 된다. 또 엄마 속이 상하면 야단도 쳐야 한다. 그러지 않고 미리 생각만 해서 아이가 알아주겠거니 하면 나중에 서운함만 커지게 된다.

소음인 엄마와 소양인 아이

엄마의 체질이 소음인일 때 가장 이상적인 엄마 역할을 하게 된다. 소음인 엄마는 항상 아이의 입장에서 생각해 주고 아이를 위해 다른 사람과 싸울 수 있다. 소양인 아이 입장에서는 소음인 엄마를 만나게 된 것에 감사해야 한다. 다른 체질의 엄마보다 소음인 엄마가 한결 더 소양인 아이에게 헌신적이고, 엄마의 주장을 덜 하면서 아이에게 보호자가 되려 하기 때문이다. 그런데 문제는 소양인 아이가 지나치게 자기 식으로 생각하고 엄마 말을 듣지 않을 때 발생한다. 소양인 아이는 자기주장이 너무 강할 수 있다. 그래서 어릴 때부터 아이를 제멋대로 행동하게 놓아두지 말고 잘잘못의 기준을 제대로 세워야 한다.

소양인 아이는 어릴 때 공부도 잘하고 가능성이 아주 많다. 그런데 순간의 방심으로 인해 잘못되는 경우가 너무 많다. 소양인 아이는 집안에서는 조용하지만 밖에 나가면 제 세상을 만난 것처럼 활발해지고 조금만 잘한다는 칭찬을 들으면 물불을 가리지 않고 나서려 한다. 이럴 때 엄마의 역할이 중요하다. 엄마가 나약하게 나가면 소양인 아이는 엄마를 무시하려 하고, 친구나 다른 사람의 말은 잘 들으려 하면서도 엄마의 얘기는 참고조차 하지 않으려 한다.

소양인 아이는 어떤 가능성이 있을 때 끝까지 그 가능성을 추구하도록 포기하지 말고 노력을 기울여야 한다. 비록 한번 잘못되었다고 할지라도 성의를 다해서 설득하면 다른 체질보다 빨리 본심을 알아채고, 원래대로 돌아올 수 있다. 이런 점은 소양인의 장점이기 때문에 엉뚱한 곳에서 시간을 허비하지 않도록 항상 점검하고 성격을 부드럽게 하도록 교육해야 한다.

소양인 엄마와 소양인 아이

엄마와 아이의 체질이 같더라도 서로 태음인이거나 소음인 체질인 경우는 모자지간에 커다란 충돌은 발생하지 않는 데 비해 서로 소양인 체질인 경우는 얘기가 달라진다. 소양인의 최대 장점은 신속함과 솔직함이다. 이런 특성은 친구나 동등한 지위에서는 환영받을 만하고 바람직한 것일 수도 있지만 엄마와 아이 관계에서는 상당한 문제점으로 작용한다.

아이가 바라는 엄마는 친구보다는 보호자이고 기댈 곳이며 영원한 응원군이다. 비록 아이가 실수를 했다고 하더라도 엄마한테 얘기하면 이해될 수 있고, 용납될 수도 있을 것이라고 생각하고 엄마 품안으로 달려들고 싶어 한다. 그런데 대부분의 엄마는 이런 아이를 '돌아온 탕자'처럼 환영하는 데 비해 소양인 엄마는 여느 엄마와 달리 눈물이 쏙 빠지도록 더 야단치고 엄격한 잣대를 들이대면서 잘잘못을 가리고 마지막에는 상대방의 입장에서 아이에게 교훈을 늘어놓는다. 이런 일이 반복되면 아이는 엄마가 얘기가 통하면서 기댈 대상이 아니라 감추고 피해야할 사람이라고 판단하고, 어떤 일이 생기더라도 사실을 말하는 대신 능청을 떨게 되며 하루 빨리 엄마에게서 독립하고자 한다. 그런 상황에서 아이는 외로움이 심해지고 엄마가 아닌 친구들에게서, 집이 아닌 밖에서 위안을 찾게 된다.

　소양인은 가슴 속에서 울려나오는 감정이 100% 얼굴에 표현된다. 소양인은 남녀를 불문하고 좋고 싫어함이 말과 표정에서 그대로 드러나는 경우가 많다. 이런 점은 사회생활은 물론이고 자신의 수양에도 도움이 되지 않는다. 공자의 친손자인 자사(子思)는 대표적인 소양인 체질인데, 그가 송나라에서 어려움을 겪으면서 정성을 들여 생각하고 가볍게 행동하지 말며 전후좌우를 면밀하게 살펴서 중심을 잘 잡고 절대로 실수를 하지 말라는 뜻에서 자신의 수양을 위해 《중용(中庸)》을 지었다. 《중용》에서 말하는 중(中)이란 소양인이 추구해야 될 지표인데, 희로애락이 나타나지 않은 상태를 말하며, 다른 사람과 다투거나 입에 오르내리지 않도록 조심해야 하는 소양인의 특성을 잘 표현한 핵심 사상이다.

　소양인 자사가 위나라에 머물 때 제나라가 쳐들어오자 제자들이 도망가기를 원했다. 그러자 자사는 "만약 내가 도망간다면 누가 임금과 함께 나라를 지키겠는가?"라고 말하면서 열심히 싸워 이겼다. 그런데 소음인 증자가 무성에 살고 있을 때 월나라가 쳐들어왔다. 그러자 "내 집에 다른 사람들이 들어오지 못하게 하고, 집안의 풀과 나무를 잘 관리하라"라고 말한 다음 제일 먼저 도망갔다. 침략군이 물러가자 "내 집과 담장을 수리하여라. 나는 돌아가련다"라고 말했다.

이런 일로 인해 후세에 증자는 겁쟁이라는 주장이 제기되었으며, 맹자는 이런 비난에 대해 변호하였다. 하지만 자사와 증자가 동일한 사건에 대해 반대로 행동한 것에 대해 조선시대까지도 누구의 행동이 옳았는지 논란이 끊이지 않았다. 이런 사실에 대해 여러 가지 주장이 많았지만 이제마 선생의 스승인 운암 한석지는 둘 다 틀리지 않은 행동이었다고 주장했다. 바로 체질이 달랐기 때문에 사고와 판단의 기준이 동일하지 않을 수 있다고 말했다.

소양인 엄마와 소양인 아이는 가치판단의 기준이 같기 때문에 아무런 말을 하지 않아도 척 보면 서로가 서로를 잘 알 수 있다. 이런 점을 잘 알고 솔직하게 말하고 장단점을 서로 살펴서 장점은 더욱 발전시키고 단점을 보완해 나간다면 좋은 관계를 유지할 수가 있다.

태음인 엄마와 소음인 아이

엄마와 아이의 체질이 다르면 생각하지도 못하는 상황이 발생하기도 한다. 모자간의 체질을 보면 아이는 엄마보다 기운이 항상 부족한 체질이기 때문에 요구를 하고, 엄마는 아이가 요구할 때마다 다 들어주는데도 불구하고 아이는 매번 불만이다. 반대로 엄마 입장에서는 자꾸 주기는 하지만 그 희생이 왜 필요한지 정확히 알지 못한다. 그냥 자식이 해 달라고 하니까 들어주기는 하는데, 딱히 꼭 그럴 필요가 있는지를 이해하지는 못한다.

태음인 엄마는 소음인 아이에게 무조건 배풀어야 한다. 특히 아이 입장에서 보면 엄마는 너무 인색하다. 자꾸 요구해도 겨우 조금밖에 들어주지 않기 때문이다. 서로의 에너지를 비교해보면 엄마가 100이고 아이는 10~20에 불과하다. 이럴 경우에는 에너지가 많은 사람이 무조건 배풀어야 한다. 그러면 아이는 성장하면서 그 때 비로소 자신이 엄마에게 정말 많이 받았다는 것을 알게 된다. 하지만 지금은 잘 알지 못한다. 다행스럽게 이런 경우는 모자간이 모두 음인이기 때문에 그 표현이 빠르지는 않고, 엄마 입장에서는 싫어도 배풀어 주는 사이라서 아주 나쁜 관계는 아니다.

태음인 엄마가 잘 컨트롤 하면 소음인 아이는 잘 따라오게 된다. 왜냐하면 아이는 약한 맥 에너지를 가지고 있기 때문에 강력하게 반대하지 않는다. 아이가 싫어하더라도 따라오기는 하기 때문에 아이가 잘못된 판단기준을 가지고 있을 때는 엄마가 조금 세게 밀어붙여도 된다. "지금은 네 마음에 들지 않겠지만 내 경험상 이런 방식이 옳으니까 따라와!"라고 설명하고, 끌고 가도 된다. 다만 너무 자주 그러면 안 되고 나중에 확실하게 그 결과를 보여줘야 한다. 또한 많은 얘기를 해야 한다. 소음인은 많은 말을 해 주기를 바란다. 또 아직 어리지만 다른 사람이 자기를 위해 얼마나 해 주는지를 보고 판단하기 때문에 엄마를 따라오게 된다.

태음인 엄마는 소음인 아이가 식욕이 없는 상황을 잘 이해하지 못한다. 배가 고플 때는 육류나 기름진 음식을 먹고 싶어지는데 소음인 아이는 그런 음식을 보면 속이 울렁거리고 빨리 씹기는 고사하고 삼키기도 힘들다. 엄마 입장에서는 아무 때나 음식이 있으면 먹고 싶어지는데 소음인 아이는 음식을 보고도 아무런 흥미를 느끼지 못한다. 여기서 문제가 발생한다.

소음인 아이는 잠을 충분히 자야 하고, 배가 부르면 잠을 잘 이루지 못하며 아침에 일어나도 식욕이 별로 없다. 그리고 느끼한 음식보다는 짭짤하고 매콤한 음식이 입에 맞고, 한꺼번에 많이 먹지 못하며 아침보다는 저녁에 식욕이 더 좋다. 이런 사실을 모르면 어릴 때에 비쩍 마르고 감기를 달고 살며 입안에 밥을 물고 다닌다. 소음인 아이에게는 발효음식이 소화에 도움이 되고, 과일은 잘 익은 것을 먹어야 되며, 야채는 데쳐서 먹어야 좋다.

소양인 엄마와 소음인 아이

세상에 완벽하게 똑같은 조건을 가진 사람은 없다. 쌍둥이도 엄마 뱃속에 있을 때는 같은 영양을 받아들이지만 태어나는 순간부터 달라진다. 소음인은 세상의 이야기를 많이 받아 들이지만 표현을 잘하지 않는다. 그렇다 보니 처음에는 약해 보이고 아무 것도 하지 않는 것처럼 보여도 시간이 지나면 서서히 두각을 나타낸다. 달리기를 해도 소음인은 마지막에 두각을 나타낸다.

밥을 먹어도 소음인은 천천히 먹고, 조금씩 먹지만 결국 다 먹는다. 빨리 먹는 것은 중요하지 않다. 소음인 아이의 섬세함을 인정하고 아이가 좋아하는 음식이 무엇인지를 찾아내야 한다. 원래 소음인 아이는 비린내가 나는 생선이나 육류를 별로 좋아하지 않고 짭짤하고 매콤한 한국 음식을 제일 좋아한다. 또 옷차림이나 노트 정리에 상당한 정성을 기울이는 것에 대해서도 받아들여야 한다. 소음인 아이가 보기에는 세상이 매우 아름답게 보이고 자기가 조금만 치장을 하거나 장식을 하면 더 좋은 세상으로 변할 거라고 보는 데 비해 소양인 엄마가 바라보는 세상은 고쳐야 할 것이 너무 많고 엄마가 나서서 우선 급한 몇 가지를 고치기만 하면 더 좋은 세상이 될 거라고 바라보는 차이점이 있다.

엄마는 자기가 가진 용감함을 아이를 위해 솔선수범하는 것은 좋지만 자꾸 나서지 말아야 한다. 엄마가 앞에서 나서면 소음인 아이는 점차 자신감을 잃게 되고, 자꾸 엄마에게 의지하고 만다. 세상을 더 많이 살아온 소양인 엄마는 속이 터져도 참으면 결국 다 잘 될 것이다. 자꾸 채근하고, 더 빨리 자라라고 벼 이삭을 뽑아내면 잠시는 만족하지만 나중에 보면 아이와 엄마는 남남이 되고 만다. 결국 소양인 엄마는 잘 참아내야 한다.

소양인 엄마는 소음인 아이에게 강요하지 말아야 한다. 강요하면 처음에는 효과가 나타나지만 소음인 아이는 앞에서는 순응하지만 속으로는 자꾸 달아나게 된다. 엄마가 싫어하는 것과 좋아하는 것을 표현만 자주 해 주면 소음인 아이는 금방 알아차린다. 다만 밖으로 드러내지 않을 뿐이다. 공부할 때도 소음인 아이는 옆에 누군가 같이 있으면 더 잘한다.

소음인 아이는 처음에는 혼자서 무엇인가를 하는 것에 용기가 없다. 하지만 익숙해지면 다른 체질의 아이들보다 싫증을 내지 않고 잘한다. 학교에서 어떤 것을 배웠으면 다음에는 현장 학습을 가면 더 좋다. 아니면 도표화 하고 연상기법을 연결시켜 주면 정리를 매우 잘하게 된다. 일목요연하게 잘하도록 알려주기만 하면 된다. 그러면 점점 기대 이상으로 잘하게 된다.

소음인 엄마와 소음인 아이

엄마와 아이의 체질이 같은 소음인이면 비록 모자지간이지만 애틋한 감정은 별로 없게 되고 서로 무덤덤한 상태가 되기 쉽다. 엄마가 보기에는 아이가 하는 행동이 너무 빤해서 새로운 것이 없다고 여긴다. 왜냐하면 엄마가 적어도 수십 년 간 해온 방식이기 때문이다. 엄마는 '이미 다 알아! 내가 그걸 모를 줄 알고' 라고 생각한다. 그래서 엄마와 아이는 사사건건 서로 날을 세우고 팽팽한 신경전을 벌이는 일이 많아진다.

오히려 엄마와 아이의 체질이 다를 때 서로의 장단점을 보완하기 때문에 남편이나 친구가 채우지 못했던 부분을 채워 주는 사이가 될 수 있다. 그러므로 엄마와 아이의 체질이 같을 때는 엄마가 생각을 바꿔야 한다. 아이는 무한한 가능성을 가지고 있다. 엄마가 아직까지 시도하지 못했던 일이나 방식에 대해 아이도 자기와 비슷하다고 지레짐작으로 포기하거나 무시하지 말고 다양한 체험을 통해 극복할 수 있도록 도와야 한다.

체질은 같지만 해결할 수 있는 방식은 여러 가지가 나올 수 있다. 아이들이 게임에 몰두하는 것은 그 해결방법이 다양하기 때문이다. 수학책이나 국어책에서 요구하는 정답은 1개뿐이지만 게임이나 놀이에서 요구하는 정답은 여러 가지가 있어서 자신이 매번 게임을 할 때마다 자기 수준에 맞는 답이 나오게 된다. 체질도 마찬가지다. 동일한 상황에서 엄마가 했던 방식과 아이가 선택할 수 있는 방식이 다를 수 있다. 그 방식을 통해 아이는 더 성장할 수가 있는 것이다.

소음인은 어떤 상황에서든 적극적으로 자신의 입장을 표현해야 된다. 사서라고 알려진 《논어》, 《맹자》, 《대학》, 《중용》 가운데 《대학》은 증자(曾子)가 지었다고 알려져 있다. 증자는 공자의 제자로 이름은 삼(參)이고, 자는 자여(子輿)이다. 워낙 융통성이 부족해서 많은 고난을 겪었지만 부모에게 효도하는 데는 뛰어났다. 이제마는 증자가 한 행위를 소음인의 전형으로 기록했다.

어느 날 증자의 아내가 시장에 가는데 아이가 울면서 따라오자 이렇게 말했다. "집에 있어라, 내가 돌아와서 돼지를 잡아주마." 증자의 아내가 시장에서 돌아와 보니 증자가 아이의 말을 듣고 돼지를 잡으려 하고 있었다. 아내가 깜짝 놀라 이를 말리면서 말했다. "아이를 달래기 위해 그런 말을 했을 뿐인데, 정말 돼지를 잡으면 어떻게 해요?" 그러자 증자가 말했다.

"아이에게 거짓말을 해서는 안 되오. 아이는 아는 것이 없기 때문에 부모에게서 배우고 부모의 가르침을 따른다오. 지금 아이를 속인다는 것은 아이에게 속임수를 가르치는 것이 아니겠소? 어머니가 자식을 속이면 자식이 어머니를 믿지 않게 될 것이니, 이는 교육의 방법이 아니오." 말을 마치자 증자는 돼지를 잡아서 삶아먹었다.

《대학》의 도는 타고난 명덕(明德)을 밝히는 데 있으며, 누구나 가진 소질과 재능을 그냥 가만히 간직하고 있으면 안 된다. 자랑하고 드러내 보여야 한다. 바로 소음인이 해야 할 지표가 타고난 장점을 널리 드러내는 《대학》의 도와 같다.

소음인 엄마는 젊은 시절은 물론이고 현재까지 자신의 주장을 별로 하지 않고 주눅 들어 있는 경우가 많은데, 소음인 아이에게도 이런 방식의 생활을 강요해서는 안 된다. 만약 그렇게 살면 나중에 후회스런 마음이 들게 되므로 소음인 아이에게 보다 더 적극적으로 변한 모습을 보여줘야 한다. 아이를 통해 자신이 표현하지 못했던 적극성을 더 드러내면 낼수록 아이의 성장에 도움이 되고 엄마의 하고 싶은 욕구도 충족될 수 있다.

태양인 엄마와 아이

태양인 엄마는 사실상 드문 편이라서 전체 인구의 1% 미만일 정도이기 때문에 우리가 자주 만날 수는 없다. 그렇지만 태양인은 엄연히 존재하는 체질이고, 때로 만나는 태양인은 보통 사람들보다 기세가 강하고 생각의 틀이 약간 다를 뿐이지 외계인은 아니다. 또 다른 체질처럼 결혼하고 아이를 출산하기 때문에 본인이 태양인 체질인 엄마는 자신의 체질 특성에 대해 확실하게 알아둬야 한다. 특히 사회가 선진화될수록 다양성이 존중받고 다른 사람과 다르다는 면이 더 부각될 수 있기 때문에 태양인은 점차 그 숫자가 늘어날 수 있다. 태양인의 엄마의 특성은 얼굴의 생김새나 체격에서 드러나지 않고, 오히려 성격이나 질병의 패턴에서 두드러진다.

태양인이라고 하면 눈빛이 강렬하고 목소리가 우렁차며 어깨가 떡 벌어지고 독불장군처럼 막 행동한다고 생각하는데, 교육을 받고 사회생활을 영위하는 태양인은 남녀노소를 불문하고 평균적인 태음인과 소양인 체질과 구분하기 어려울 정도로 비슷한 외모를 갖고 있다.

이제마 선생은 《동의수세보원》에서 태양인 여성은 불임의 가능성이 높다고 했으나 실제로 태양인 여성을 대상으로 출산을 조사한 결과 불임이 많지 않았다. 이는 과거에 비해 영양공급이 충분해지고 여성이라고 해서 억압받거나 교육의 혜택에서 소외받지 않는 현대사회의 생활특성과 연관성이 있다고 본다.

태양인 엄마는 아이의 작은 변화에 일희일비하지 않으며 예쁘고 아기자기한 옷보다는 실용성에 무게를 두고 옷을 구입하는 경향이 많으며, 한번 구입한 물건에 대해서도 유행을 생각하지 않고 한계수명까지 사용하곤 한다. 또 엄마의 기세가 강하기 때문에 어떤 경우에도 아이에게 억압하거나 큰소리 치지 않고 한 발짝 떨어져서 사고하고 양육하는 특성을 갖는다. 그래서 아이가 자라면 엄마에 대해 애틋하고 깊은 정이 묻어나오지는 않는 경우도 있다. 하지만 이런 양육방식이 꼭 나쁜 것은 아니다.

실제로 아이는 엄마가 다 배풀어야 잘 자라는 것은 아니다. 기본적인 것만 해 주더라도 아이는 스스로 잘 자란다. 이런 태양인 엄마 밑에서 자란 아이는 어릴 적부터 깊이 생각하고 스스로가 한 행동에 대해서는 확실히 책임을 지며 다른 사람에 대해서도 일일이 간섭하려 하지 않는다.

아이들은 아주 사소한 것에서 흥미를 느끼고 도달할 수 없는 아주 커다란 이상을 추구하는 존재다. 학교에서 돌아오는 아이를 바라보면 자신을 둘러싼 외부 환경의 아주 미세한 변화를 알아채고 입가에 미소를 짓고 새로운 관심거리에 흥미를 더한다.

하지만 태양인 아이는 어릴 때부터 또래 집단보다는 많이 앞서 나가기 때문에 감정에 쉽게 흔들릴 수도 있고 때로는 세상사에 대해 비관적일 수도 있다. 그러나 몸이 튼튼한 관계로 성장기를 잘 극복하고 독특한 가치기준을 지니고 사회에 필요한 인재로 성장할 수 있게 된다.

04
성적을 올리는 체질궁합

 엄마들이 자식에게 가장 자주 하는 말은 "나를 위해서 공부하라고 하니? 다 너를 위해서지"일 것이다. 그러나 어린 아이들은 엄마와 아빠에게 잘 보이기 위해서 공부하는 경우도 많다. 또한 그런 면에서 행복을 느끼는 것이 오히려 자신의 장래를 위해서 좋은 성적을 얻었다는 성취감보다 클 수도 있다. 왜냐하면 10년이나 20년 후에 다가올 미래는 아직 눈앞에 있지 않고, 기뻐하고 행복하다는 표시를 짓는 엄마와 아빠의 만족은 바로 눈앞에 있기 때문이다.

 학생 때에 할 수 있는 효도는 공부 잘하는 것이 제일이고, 부모로서 아이에게 남겨줄 유산은 건강과 공부가 최고임에는 변함이 없다. 공부에 투자하는 것이 가장 확실한 투자임은 여러 조사에서도 공통적으로 나온다. 한국인 남자 1,000명을 대상으로 "인생에서 가장 후회스러운 일은 무엇인가?"라고 설문하면 10대에서 60대까지 모두 1등으로 치는 것이 공부하지 않은 것이다.

공부를 포함해서 세상에 공짜는 없다. 10원어치 투자를 하면 10원어치 이익이 날 것이고 천원을 투자하면 천원의 이익이 난다. 그래서 우리 속담에 "콩 심은 데 콩 나고, 팥 심은 데 팥 난다"라는 말이 있다. 학생 때 과외를 해 보면 학원에서 공부하는 것보다 월등히 효과가 난다. 특정인을 위한 맞춤옷이 기성복보다 비싼 것은 당연하고, 약국에서 파는 십전대보탕보다 한의사가 직접 진맥을 하고 처방하는 가미십전대보탕의 가격이 비싼 것은 당연할 수밖에 없다.

국회 청문회를 보면 지난 정권 때 자식교육을 위해 위장 전입한 것에 비판을 서슴지 않던 명사도 이번 정권에서 장관직 후보로서 검증을 해 보니 여러 번의 위장전입 사실이 들통 났고, 망국적인 과외수업이라고 표현하는 사람도 사실은 자기자식의 과외수업은 막지 않는다. 왜냐하면 같은 노력을 해도 과외수업을 하면 나오는 결과가 다르기 때문이다. 과외를 해도 한 달에 20만 원짜리 과외선생님과 100만 원짜리 과외선생님의 효과는 다를 수밖에 없다.

광고를 예로 들어보자. 라디오 광고를 10번 하는 것보다 텔레비전 광고를 1번 하는 효과가 더 크다. 사람이 받아들이는 정보의 약 80%는 눈을 통해서이다. 듣는 것보다는 보는 데서 강한 인상을 받는다. 목소리가 아름다운 것보다는 얼굴이 아름다우면 보다 효과적인 것과 마찬가지이다. 텔레비전 광고도 9시 뉴스시간 바로 앞에 나오는 광고료와 마감뉴스 시간 전에 나오는 광고료는 다를 수밖에 없다. 그 효과가 다르기 때문이다.

학생 때는 선생님이 매우 중요하다. 어떤 계기로 얼마나 강한 동기부여를 하느냐에 따라 아이의 인생이 달라질 수 있다. 체질이라는 잣대로 세상을 살피다 보면 아이와 선생님과의 관계에서 파생되는 문제점을 풀어내는 단서가 발견되기도 한다.

과외를 시킬 때도 아이와 과외 선생님의 체질궁합이 중요한 요소가 된다. 그 궁합은 사주팔자를 통해서 하는 것은 아니다. 서로 끌리는 것이 있고 미워하지 않을 때 목표하는 성적을 달성할 수 있고 오히려 초과달성하는 경우도 나타난다.

이번 장에서는 내 아이의 체질에 따라 아이의 심리적 안정에 도움이 되는 선생님과의 체질궁합을 제시해 본다.

태음인 아이와 소양인 선생님

태음인 아이는 많은 정보를 바탕으로 스스로 판단할 수 있도록 분위기를 만들어줘야 마음이 편안하고 다음 단계로 넘어갈 수 있다. 초등학교 때에 비해 중학교에 들어가면 매 과목마다 선생님이 다른데 이럴 때 선생님과의 관계 설정이 매우 중요해진다. 가장 먼저 내 아이가 어떤 체질을 가졌는지 알아볼 필요가 있고, 그 다음에 어떤 체질의 친구와 잘 지내는지 알아보면 선생님과의 관계도 미리 예측할 수가 있다.

사람은 누구나 자신과 체질이 다른 사람에게 호감을 갖는다. 태음인 아이들은 많은 생각과 주저함 끝에 어쩔 수 없을 때 움직이게 된다. 그런데 소양인 체질 선생님은 아무 생각 없이 즉흥적으로 움직일 수 있기 때문에 태음인 아이가 머릿속에서 바람 소리가 날 정도로 여러 경우의 수를 추론했음에도 불구하고 행동으로 옮기지 못하는 상황을 확실하게 바꿔줄 수 있다. 소양인의 행동은 태음인의 사고가 따라올 수 없는 영역이지만 몸과 정신의 관계를 생각해 보면 결국 태음인이 승리한다. 능력 있는 선생님은 학생과 경쟁하지 않고 학생이 자신을 발판삼아 더 넓고 높은 곳으로 나아가기를 바란다. 소양인 선생님은 태음인 학생이 행동할 수 있도록 만들어 주면 일단 성공한 선생님이다.

학교생활에서 소양인 선생님의 비율은 태음인이나 소음인에 비해 상당히 낮은 편이지만 그들의 열정은 다른 어떤 체질보다도 강렬해서 학생 지도에 몰두하려는 경향이 매우 높다. 처음부터 끝까지 열정을 져버리지 않고 학생의 성장을 위해 애쓰는 소양인 선생님은 태음인 학생에게 축복이 될 수 있다. 다만 그 학생이 소양인 선생님의 열정을 이해하고 잘 따라야 한다. 때로는 소양인 선생님은 모든 것을 드러내는 솔직함으로 인해 오해받을 가능성도 있는데, 한꺼번에 너무 깊숙이 관여하기보다는 마음을 조금씩 풀어놓아야 한다.

만약 과외 선생님과 아이가 서로 다른 가치 판단으로 인해 오해가 생기면 부모님이 직접 그 사이를 중재해야 된다. 특히 부모 중에서 아이와 서로 체질이 다른 사람이 나서서 선생님의 장점을 부각시키고 충돌이 일어난 부분은 기준점이 서로 달라서 그렇다는 면을 이해시켜서 아이의 마음을 돌리는 것이 좋다. 무조건 참으라고 하거나 다음 단계로 넘어가려 해서는 태음인 아이의 상처가 깊어지기 때문에 좋은 방법은 아니다.

소양인 아이와 소음인 선생님

 소양인 아이는 자신의 주관이 뚜렷해서 좋아하는 것과 싫어하는 것을 얼굴 표정에 그대로 드러낸다. 그래서 선생님을 처음 본 순간 흥미를 갖기도 하고, 잃어버리기도 한다. 요즘 세상에는 하나의 길만 있는 것은 아니다. 예전에는 대학에 들어가면 거의 대부분의 학생이 주어진 기간 안에 졸업했다. 그러나 요즘은 다르다. 4년 만에 대학을 졸업하는 사람보다 해외연수나 교환학생으로 다녀오는 경우가 많고, 자신의 특성을 살리고 다양한 활동을 하기 위해서 4년 만에 굳이 졸업하고자 애쓰지도 않는다.

 그렇기 때문에 소양인 아이에게는 다양한 선생님을 소개해 주고 아이가 좋아하는 선생님을 찾아주는 것이 효과적이다. 왜냐하면 소양인 아이는 거짓말을 하지 않고 자신이 좋아하는 일에는 몰두하는 특성이 있기 때문이다. 주로 소양인 체질의 아이는 자신보다 좀 약해 보이는 사람에게 매력을 느끼고 그런 사람이 부탁을 하는 경우에는 만사를 제쳐놓고 자기 능력의 120%를 발휘하는 특성이 있다. 이를 잘 이용해서 학업능력을 높이는 방법을 찾아야 한다.

 특히 아이가 담임선생님과 마찰을 일으키고 학교 가기 싫어하는 경우가 생겼다면 아마도 선생님과 아이의 체질궁합이 맞지 않기 때문에 그럴 수 있다. 특히 태음인 선생님이 소양인 아이에게 자신의 방법을 강요하고 무리하게 추진할 경우 소양인 아이는 반발심을 보이고 학교생활에 흥미를 잃어버린다. 이런 경우 학교 선생님이야 어쩔 수 없이 견뎌내야 한다. 그 대신 아이에게 태음인 선생님의 특성을 잘 설명하고 본래 싫어해서 그렇게 하는 것이 아니라 그 선생님의 체질특성이 그러하니 잘 이해하고 넘어가자고 자세히 설명하면 의외로 쉽게 그 학년을 마칠 수 있다. 하지만 과외 선생님일 경우는 굳이 참고 지낼 필요가 없으므로 여러 번의 기회를 통해 다른 체질의 사람을 잘 선택하면 좋은 결과가 나올 수 있다.

소음인 선생님은 소양인 아이의 호기심을 끌어내고 수준에 맞는 과제나 예습과 복습에 필요한 부분을 지정해 주면 잘 따르게 된다. 또 선생님이 굳이 많은 말을 해 주지 않아도 아이가 흥미를 느끼면서 지속적인 관심을 갖도록 수준에 맞는 진도를 이끌어 주면 잘 따라오게 된다. 다만 지나친 간섭이나 자기 자랑을 지양하고 미래의 비전에 대해 자꾸 얘기해 주기만 해도 소양인 아이는 많은 발전을 이루게 된다.

소음인 아이와 태음인 선생님

소음인 아이는 자신의 내면세계를 표현하는 데 주저하고 좀처럼 밖으로 드러내지 않으려 한다. 특히 자랄 때 식욕이 없어서 음식을 적게 천천히 먹는 소음인 아이는 마음속으로 생각하는 바의 10%도 밖으로 드러내지 않는 경우가 많다. 그러나 한번 친해지면 모든 것을 서로 나눌 수 있는 관계로 발전하기도 한다. 이런 특성으로 인해 소음인 아이들은 유치원이나 초등학교 때 사귄 친구와 평생토록 좋은 관계를 유지한다. 고등학교를 졸업하고 대학에 진학하거나 사회생활을 하게 되면서 자신의 이런 성격특성이 단점으로 작용한다는 사실을 알게 되고 이를 바꾸기 위해 엄청난 노력을 하게 된다. 빈약한 체격을 우람한 몸매로 바꾸기 위해 헬스클럽에 다니기도 하고, 평소보다 음식을 많이 먹는 노력을 기울이기도 한다. 어쨌든 성공적인 삶을 살아가기 위해 소음인은 어느 순간 자신의 소극적인 성격을 바꾸려는 시도를 통해 한 단계 변화된 모습을 보여야 한다.

이런 소음인 아이에게 자신감과 재능을 피우도록 보완해 줄 수 있는 체질로는 태음인이 제격이다. 물론 어떤 체질이든지 아이의 재능을 꽃피울 수 있도록 도와줄 수는 있지만 가능한 경우의 수 중에서 가장 효과적인 체질궁합을 찾으라면 소음인 아이에게 태음인 선생님이 거부감을 줄일 수 있고, 오해를 덜 일으키면서 학습효과를 빨리 나타낼 수 있는 여건을 조성할 수가 있다.

태음인 선생님은 선천적으로 다른 사람을 설득해서 공동의 목표에 도달할 수 있도록 하나의 팀을 유지하는 데 뛰어나기 때문에 다른 체질보다도 소음인 아이에게 더 강렬한 매력을 발휘할 수 있다. 다만 하나의 우려는 태음인 선생님이 지나치게 조심스러워서 자신의 본분에 맞지 않게 비관적 입장에서 사물에 대해 접근한다면 소음인 아이는 선생님보다 더 심한 비관에 빠질 수 있으므로, 약간은 과장하고 사실보다 더 긍정적인 면에서 아이를 관찰하는 것이 좋은 효과를 나타낼 수 있다.

아이들의 장점은 무한한 가능성이다. 특히 소음인 아이는 가장 낮은 에너지를 가진 체질이기 때문에 강력한 에너지를 가진 사람의 도움을 통해 많은 변화를 나날이 경험할 수 있는 존재다.

현아는 유치원 때 아버지를 잃었고 조용한 어머니 밑에서 혼자 자란 소음인 아이다. 깔끔한 생김새에 그냥 보기에도 똑똑하다는 느낌이 강한 아이였지만 좀처럼 말을 하지 않았다. 한국에서의 좋지 않은 기억을 벗어나기 위해 엄마와 함께 미국으로 건너가 초등학교에 진학한 현아는 1년이 지나도록 친구 하나 없이 학교생활을 했다. 엄마도 현지 생활에 적응하느라 상당한 고생을 했고 퇴근한 다음에야 엄마에게 학교생활에 대해 시시콜콜 얘기를 전할 뿐 누구와도 말을 섞지 않았던 아이는 착한 흑인 담임선생님에게서 많은 사랑을 받았다.

담인 선생님은 글로 표현된 현아의 성격을 이해하고 타고난 능력을 개발할 수 있도록 도와주었으며, 기회가 될 때마다 반 친구들에게 현아를 도와주라는 말을 했다. 1학년을 마칠 쯤에야 자신의 생각을 수업시간에 표현하기 시작한 현아는 5학년 때부터 영재로 뽑혀 다른 학교에 가서 수업을 받았다. 고등학교를 조기 졸업하고 동부의 아이비리그에 속하는 대학에 입학해서 알찬 대학 생활을 보낸 현아는 이제 촉망받는 인재가 되었다.

소음인 체질인 현아가 말한 가장 큰 은인은 바로 초등학교 1학년 담임선생님이다. 모든 것이 낯설지만 고생하는 엄마를 위해서 실수를 하지 말아야 한다는 생각이 지배적이었던 초등학교 생활에서 흑인 담임선생님은 현아가 표현한 문장의 장점만 보려 했고, 약간의 실수는 못 본 체하면서 나날이 발전하는 영어와 표현력을 과장된 표정으로 칭찬했다고 한다. 소음인 아이에게 꼭 필요한 부분을 그 담임선생님은 너무도 잘 알고 있었다. 어떤 작가는 자신을 키운 것의 80%는 바람이라고 했는데, 소음인 아이는 칭찬을 먹고 자란다.

태양인 아이와 태음인 선생님

　태양인 아이는 타고난 독창성과 가능성을 잃지 않도록 유지하기만 하더라도 매우 가치가 높은 사람이 될 수 있다. 태양인 아이는 학교생활을 하면서 스스로가 본받을 만한 사람이나 하고픈 일이 눈에 들어오지 않는 경우가 많다. 태양인 아이가 접하는 현상과 사물은 대부분 그 가치기준이 좁고 낮아서 한심하다는 생각만 들 뿐이고, 부모님이나 선생님이 되풀이하는 교훈적인 말씀도 매번 성에 차지 않고 곁에 있는 친구들이 하는 놀이나 사고방식도 고리타분해서 마음에 와 닿지 않을 때가 많다.

　세상을 향한 가치기준이 높은 태양인 아이는 우연히 접한 책 속에서 길을 찾고 나이에 어울리지 않는 생각을 정리하느라, 멍하니 하늘을 바라보고 있거나 눈을 감고 흐뭇해 하기도 한다. 그런데 이런 생각을 표현하면 친구나 부모 형제들은 거들떠보지도 않을 뿐더러 가소롭다는 표정으로 무시하기가 일쑤며, 나중에는 잘 상대해 주지도 않는다.

　태양인 아이는 웃자란 풀처럼 한참이나 두드러진 모습으로 다가오지만 이런 특성을 알아주는 사람이 없기 때문에 좌절하기도 하고 방황하다가 그 능력을 제대로 발휘하지도 못하고 사그라져서 보통 사람보다도 못한 삶을 살아가는 경우가 많다. 태양인 아이의 기세는 조금 거칠지만 일부러 세밀하게 다듬으려 하면서 꺾지 말아야 하고, 색다른 사고방식을 통해 아무도 생각하지 못했던 면을 바라보는 능력이 있다는 사실을 인정해 주는 무한한 협조가 필요하다. 그러기 위해서는 학교 성적에 목숨을 걸기보다는 다양한 경험과 풍부한 독서를 할 수 있도록 시간과 여건을 만들어 줄 필요가 있다.

여기에 덧붙여 풍부한 사고를 통해 다른 사람의 입장을 생각해 주는 태음인 선생님이나 가족이 태양인 아이 곁에 있다면 인류를 위해 무언가 할 수 있는 재목으로 성장할 가능성이 매우 높다고 본다.

태양인 아이를 보기만 해도 필자는 가슴이 뛰곤 했다. 그리고 몇 년이 지나서 크게 성장해 나타난 아이를 볼 때면 아직 학생인데도 불구하고 우렁차고 긴 목소리와 몸짓, 인상에서 풍겨지는 멋진 모습에 행복감이 몸과 마음을 꽉 채우곤 했다. 어느 정도의 여건만 허락된다면 태양인 아이에게는 한가지 악기를 다룰 수 있도록 지원하면 좋다. 음악은 비록 악보가 같아도 매번 그 가락이 달라지기 때문에 태양인의 직관력을 키우는 데 가장 효과적인 수단이 될 수 있다.

역사적 인물 중에서 박지원은 태양인 체질이었던 모양이다. 1737년(영조 13년)에 서울 명문가에서 태어나 20세 이전에 글 솜씨를 인정받았으며 30세 이전에 이미 문장력으로 세상을 떠들썩하게 했다. 34세 때 1차 과거 시험에서 장원을 받은 박지원을 영조가 불렀는데 도승지가 답안지를 읽을 때마다 손으로 책상을 두드리면서 장단을 맞추었다.

그러나 박지원은 2차 시험 때에 답안지를 내지 않았는데, 성품이 고매하고 호방했으며 명예와 이익을 극도로 경계했던 그의 특성을 보여주는 단면이다. 박지원이 홍대용, 박제가, 유득공, 이덕무 등 실학자와 교유했던 점도 이런 성품과 무관하지 않다. 만약 박지원이 요즘에 태어났다면 그 뛰어난 능력을 더 많이 드러냈을 가능성이 높다.

05
친한 친구의 체질을 파악하라

"끼리끼리 모인다"는 말이 있는 것처럼 친한 친구들은 대부분 비슷한 성격과 환경을 갖는다. 이런 관점에서 보면 주먹들은 주먹끼리 어울리고, 사기꾼들은 사기꾼끼리 어울린다. 야바위를 하는 경우에 정직하고 성실한 사람은 그런 야바위에 관심을 두지 않고 그냥 못 본척 지나쳐버리지만, 사기성이 있고 일확천금을 노리는 사람은 괜스레 끼어들었다가 돈도 잃고 망신까지 당한다.

이 세상 모든 것이 다 그렇다. 친구를 보면 그 사람의 됨됨이를 알 수 있다는 것도 마찬가지이다. 또 "향 싼 종이에선 향내가 나고, 생선 묶은 새끼줄에는 생선 냄새가 난다"는 말도 똑같은 이치이다.

유유상종으로 모이는 체질

사람은 누구나 자신의 분위기와 비슷한 데서 편안함을 느낀다. 예수와 부처도 마찬가지였다. 예수는 가정환경이 좋지 못했다. 그 결과 예수의 활동무대는 궁중이나 상류사회가 아니라 가난한 하류사회였다. 그가 만났던 대부분의 사람은 가난한 어부, 목수, 상인, 양치기, 창녀 등이었고, 그들이 갖고 있던 문제점은 주로 육체적인 질병과 불구였다. 당시 사람들은 다른 사람에 대해서는 관심이 없었고 오로지 자신의 문제에 대한 해결책을 구하고 있었다. 가난한 사람은 정신적인 문제보다는 우선 먹고 사는 것에 대한 것이 급급했다. 사실 사회가 정신적인 문제에 관심을 갖기 위해서는 경제적으로 어느 정도의 생활수준에 도달해야 한다. 그런 수준에 도달하지 못하면 단지 먹고 사는 데 억매일 뿐이다. 그것은 오늘날도 마찬가지이다. 선교사가 가서 제일 먼저 하는 것은 병원을 짓고 구호품을 나누어 주어서 이 교도들의 마음을 구슬리는 것이다. 그 다음에 선교가 가능하다.

반면에 부처가 만난 사람은 임금이나 왕족이 많았고, 그들이 호소하던 문제점은 육체적인 질병보다는 정신적인 고통이 주된 것이었다. 그래서 부처는 죽은 사람을 살리지 않았다. 어느 날 한 여인이 죽은 아들을 안고서 부처를 찾아와서 살려달라고 했다. 그러자 부처는 말했다.

"저 아랫동네에 가서 사람이 죽지 않았던 집안에 가서 삼씨 3개를 가져오너라. 그러면 너의 자식을 살려주겠다." 이 말을 듣고 여인의 눈에서는 희망의 빛이 반짝 빛났다. 걸음걸이에도 힘이 있었다. 더구나 아랫마을은 삼을 많이 재배하던 마을이었다. 그런 마을에서 삼씨 3개를 구하는 것은 너무도 쉬웠다. 첫째 집에서 당장 삼씨 3개를 구한 다음에 "이집에서는 아직 아무도 죽지 않았지요?"라고 물었다.

그러자 주인은 정색을 하면서 "아무도 죽지 않다니요. 작년에는 어머님이 돌아가셨고, 2년 전에는 아버님이 돌아가셨으며, 10년 전에는 할머님이 돌아가셨습니다. 오늘은 바로 할머님의 제삿날입니다"라고 말했다. 하루 종일 사람이 한 번도 죽지 않았던 집을 찾아 헤매던 여인은 어느새 깨달았다. 세상의 모든 사람은 결국 죽게 되고, 자신의 아이도 언젠가는 죽을 텐데 단지 조금 일찍 떠났을 뿐이라고. 저녁 때 부처님께 돌아온 여인은 웃으며 "당신은 나를 속였습니다. 세상에서 죽지 않는 것은 없습니다. 이제 절망은 사라졌습니다. 저를 제자로 받아주십시오"라고 말했다.

친구 사이를 가리켜 유유상종이라는 얘기를 많이 한다. 바로 이런 점에서 친구들은 같은 체질끼리 잘 어울리게 된다. 하지만 같은 체질끼리 만나서 놀면 잘못되는 경우가 많기 때문에 친구를 잘 소개시켜 줄 필요가 있다. 이때 다른 체질의 친구를 만나면 한쪽으로 흐르는 경향을 막을 수 있다.

예를 들어 친구들 모임에서 소양인이 주도권을 쥐면 반드시 소음인이나 태음인이 끼어야 조화를 이루고 극단적으로 나가지를 않는다. 소양인 아이가 무면허인데도 차를 몰고 가려고 할 때 태음인이나 소음인 친구가 있으면 잘 설득해서 다른 놀이를 하자고 하는데, 같은 소양인끼리 있으면 모두 한번 달려 보자고 충동을 하게 되고 결국 잘못된 행동인 줄 알면서 절제가 되지 않게 된다.

맹자의 어머니가 세 번 씩이나 이사를 간 것도 이것 때문이다. 자식의 능력을 잘 짚어보고 음악, 미술, 체육 등에 소질이 없다면 공부하는 데 전력을 기울여야 한다. 그러려면 공부할 수 있는 곳으로 이사 가는 것은 당연하다. 맹자가 살았던 2200년 전에 그랬다면 지금은 더하다고 보아야 한다. 어릴 때부터 집중력이 뛰어난 아이는 혼자서 과외를 시키거나 공부를 시키는 것이 유리하고, 집중력이 모자라서 공부에 흥미를 느끼지 못하는 경우에는 그룹으로 공부를 시켜서 흥미를 유발하는 것이 유리하다.

도움이 되는 이성 친구

사춘기가 되어 이성을 그리워하는 것은 정상적인 생리반응이다. 이것을 지나치게 억압하면 반드시 가장 중요한 시기에 엉뚱한 방식으로 되돌아온다. 따라서 현명한 부모라면 제때에 그런 반항이 나오지 않게 대처해야 한다.

대체적으로 이성 친구는 자신의 단점을 보완해 줄 수가 있는 사람을 택하는 경우가 대부분이다. 예를 들면 키 작은 남자는 우선 키 큰 여자를 부러워하고 그런 상대방에 푹 빠지는 경향이 있다. 미모가 뛰어난 아이는 이성 친구의 얼굴에 대해서 큰 관심을 기울이지 않는다. 그래서 멋있게 생긴 사람의 배우자는 평범하거나 오히려 못생긴 경우가 많다. 그래도 당사자는 자신이 갖지 못한 다른 면을 상대방이 가졌다고 생각하고 귀여워서 어쩔 줄을 몰라 한다.

이런 것들을 볼 때 어느 한쪽이 양인(陽人)의 체질을 갖는다면 이성 친구는 음인(陰人)을 좋아하고, 어느 한쪽이 음인의 체질이라면 이성 친구로는 양인을 선택하는 경우가 많다. 그렇지 않고 둘 다 음인이라면 어느 한 쪽이 소음인이면 배우자는 태음인을 원하게 된다. 또 둘 다 같은 체질이라면 어느 한쪽은 열이 있고 적극적인 분위기를 갖고, 상대방은 소극적이고 수동적인 태도를 갖게 될 것이다. 물론 아주 특수한 경우에는 이런 것들이 적용되지 않을 수도 있다.

실제로 226쌍의 부부를 면접을 통해서 체질 감별해 본 결과는 다음과 같았다. 같은 체질끼리 만난 경우는 전체의 8%였다. 다른 체질끼리의 결합 중에서 태음인과 소양인의 결합은 전체의 46%로서 가장 이상적인 체질의 결합이라고 생각된다. 이런 경우는 어느 한 쪽이 화를 내면 상대방이 참아주고, 어느 한쪽이 너무 철저하면 또 상대방이 실수를 함으로써 웃음이 피어나는 경우가 아닌가 생각된다. 음인이 현실에 바탕을 두고 가정을 잘 꾸려 나가고 양인이 미래를 바라보며 이상적인 생각을 함으로써 항상 변화에 민감하게 대응하고 적응함으로써 발전적인 동반자가 될 것이다. 그 다음으로는 소양인과 소음인의 결합으로 전체의 24%였다.

부부는 자석과 비슷하다. 자석은 N극과 S극은 서로를 잡아당기지만 같은 극끼리는 서로를 밀어낸다. 연인이나 부부도 마찬가지이다. 결국 다른 체질끼리는 서로가 서로를 닮아가는 과정을 통해서 하나가 되면서 이해하고 사랑하게 되는 것이다.

06
아이 체질과 운동

 일반적으로 우리들은 몸집이 건장하고 목소리가 커다란 사람이 범죄를 저지를 것으로 생각하고 있다. 그러나 실제로 범죄를 저지를 가능성은 다른 특성을 가지고 있는 것으로 나타났다. 1978년에 15세 소년 101명을 대상으로 연구한 결과 심장 박동이 느리고 피부전도율이 낮고 뇌파가 느린 소년들의 장래 범죄율을 예측했는데, 9년 후에 소년들이 24세가 되었을 때 17명이 범죄자가 됐다. 예측 정확도는 74.7%였고 사회 환경적 분석을 함께 할 경우 그 정확도는 88.5%로 올라갔다.

 또 1972년 인도양의 모리셔스에서 3~5세의 원주민 100명에게 영양, 교육, 신체활동에서 풍족한 환경을 제공한 그룹과 평균적인 환경을 제공한 그룹으로 나누어 실험한 결과, 그들이 23세가 됐을 때 평범하게 자란 아이들의 범죄율이 9.9%인 데 비해 풍족하게 자란 아이들의 범죄율은 3.6%에 지나지 않았다.

 위의 예에서 볼 수 있듯이 범죄는 성장기 때 충분한 영양공급이 이루어지지 않고, 신체활동과 교육이 제대로 이루어지지 않았을 때 더 높아진다는 것을 알 수 있다. 맥 에너지가 높은 아이들은 세상을 긍정적으로 바라보고, 자연환경의 변화에 대해서도 영향을 덜 받는 데 비해 맥 에너지가 약하고 맥박수가 느리거나 피부의 기운순환이 느린 경우에 아이들은 예민하게 반응하고, 비관적으로 세상을 판단할 가능성이 높다. 또 체질에 따라서 비교해 보면 태양인과 소양인이 약 30%인 데 비해 태음인과 소음인이 약 70%를 차지하는 체질분포는 세상을 대하는 시각의 차이를 보여 준다. 태양인과 소양인은 어려운 상황에서도 항상 긍정적인 쪽을 생각하고, 태음인과 소음인은 부정적인 쪽으로 사태를 바라볼 가능성이 높다.

내 아이 체질별로 어떤 운동이 어울릴까?

 사상체질의학에서 체질별 운동은 기운의 승강(昇降)과 완속(緩速)을 조절하여 인체의 음기와 양기를 보강하는 데 목적이 있다. 일반적으로 태음인과 소음인은 위쪽으로 올라가는 양기의 부족이 문제가 되고, 태양인과 소양인은 아래로 내려오는 음기의 부족이나 정체가 문제가 된다. 그래서 태음인과 소음인은 상체의 운동을 통해서 양기를 보충하고, 태양인과 소양인은 하체의 운동을 통해서 음기를 보충한다.

 소음인 아이는 가장 먼저 소화기 계통을 강화하는 운동이 필요하다. 소음인은 다른 체질에 비해 배꼽 주위를 누르면 통증이 많은데 흉곽이 좁고 복직근이 부드럽고 유연하다. 심한 경우에는 근육 자체가 매우 약하다. 이런 아이들은 복근을 강화하는 것이 우선이기 때문에 하체보다는 상체운동을 위주로 하고, 윗몸일으키기나 맨손체조를 꾸준히 하는 것이 좋다. 특히 윗몸일으키기는 복근을 강화해서 위의 운동이 더 활발해지게 도와준다.

위는 커다란 근육으로 이루어져 있는데 복근이 강해지면 위의 운동도 활발해지고, 그 결과 평소에 잘 체하고 소화가 잘되지 않던 증상도 서서히 좋아진다. 또 위가 약하면 항상 어깨가 무겁고 등을 구부정하게 하는 아이들이 많은데 가슴 근육과 등 근육을 키워 나가면 등도 바로 펴지고 흉곽도 조금씩 커지게 된다. 성장기 때의 운동은 육체적 근력을 강화시켜 주는 한편으로 골격의 성장에도 영향을 미치고 정신적 긴장을 풀어주고 스트레스에서 일어나는 집중력 저하와 신경질 내는 성격을 원만하게 만들어 주기 때문에 깊은 잠을 이룰 수 있게 한다. 따라서 규칙적으로 운동을 해서 육체적 건강은 물론이고 정신적 긴장을 풀어 주는 일석이조의 효과를 누릴 수 있다. 소음인 아이에게는 탁구, 배구, 태권도, 검도 등이 좋다.

태음인 아이는 호흡기, 순환기 계통이 약해서 걸핏하면 감기에 걸리고 코를 킁킁거리고, 생각을 많이 하면 가슴이 두근거리고 흉통을 느끼기도 한다. 이런 태음인들에게는 땀을 충분히 흘릴 수 있는 운동이 좋다. 태음인은 태어날 때부터 넓은 흉곽과 튼실한 근육을 가지고 있기 때문에 근력 강화보다는 스트레칭을 통해 정체되기 쉬운 기운을 팔다리는 물론이고 몸통 안쪽으로도 잘 돌 수 있게 해야 한다. 또 태음인은 근력 운동을 조금만 하면 근육이 울퉁불퉁 튀어 나오고 근육량이 많아지는 특성이 있다. 운동을 오랫동안 하면 근육이 매우 단단해지면서 만져보면 참나무 줄기를 만지듯이 강도가 강해지는데, 이렇게 근육이 지나치게 강해지면 오히려 기운의 소통에 문제가 발생될 수 있기 때문에 근육량을 늘리는 운동보다는 기운의 소통을 원활히 하는 요가나 스트레칭을 해 주는 것이 좋다.

태음인은 스트레스를 받으면 식욕이 강해지고 자꾸 무엇인가를 먹으려 한다. 또 피로를 느끼면 자꾸 누우려고 하는데 이럴 때는 농구, 테니스, 스쿼시처럼 몇 분만 뛰고 나면 땀을 흥건히 흘리는 운동이 좋다. 태음인은 감기 기운이 있을 때 흠뻑 땀을 흘리는 운동을 하면 감기 기운도 없어지고 기분도 상쾌하기 때문에 규칙적으로 운동이 필요하다. 태음인 아이들은 다른 체질보다 비만해질 가능성이 매우 높기 때문에 적극적으로 체중을 관리해야 한다.

태양인은 목덜미와 상체 근육이 발달하고 하체 중에서도 엉덩이 주위가 약한 신체적 특성을 가지고 있다. 태양인은 엉덩이 주위의 근육이 약해서 걸을 때 터벅터벅 걷는데 골반 주위의 근육을 강화하고 상체의 근육은 부드럽게 풀어줄 필요가 있다. 가장 좋은 것은 백사장을 맨발로 천천히 걷거나 강가를 천천히 산책하면 점차 골반 주위의 근육이 강해지면서 급한 마음이 가라앉고 정신적 여유를 찾을 수 있다. 원래 태양인은 허리가 아파서 고생을 하는 경우가 많은데 과거에 비해 영양섭취가 늘어나면서 살이 쪄서 고생하는 태양인이 점점 많아지고 있다. 태양인과 소음인은 체중이 지나치게 증가하면 건강상태가 좋지 않기 때문에 체중의 변화가 심할 때는 조심해야 한다.

태양인은 어릴 때부터 다양한 경험을 통해 보편타당한 가치기준을 가지도록 수양을 많이 해야 한다. 만약 태양인이 그러한 배움과 성찰의 기회를 놓치게 되는 경우에, 몇 번 시도해서 일이 잘 풀리지 않으면 그 이유를 다른 사람이나 권력의 부조리, 학연, 지연 등으로 돌려버리고 걸핏하면 화를 내거나 주위의 사람들을 힘들게 한다. 태양인이 꾸준한 운동을 통해 음기를 보충하면 화도 덜 나고 세상을 바라보는 관점이 상당히 긍정적으로 바뀌면서 대인관계도 원만해지기 때문에 어릴 때부터 규칙이 중시되는 골프를 시키는 것이 좋다. 또 주파수가 느리게 들려오는 파도소리나 물결소리를 접하는 것도 좋기 때문에 수영도 바람직하다. 하지만 과도한 호흡을 필요로 하는 높은 산의 등산은 피하는 것이 좋다. 그래서 태양인 아이에게는 산책, 수영, 태권도 등이 맞다.

소양인 아이는 발이 가볍고 행동이 민첩하다. 그리고 이마가 앞으로 튀어나온 경우가 많은데, 이런 신체적 특성은 앞으로 나아가려는 불균형을 이루고 있어서 자주 넘어지기도 하고 머리나 이마를 자주 부딪치기도 한다. 소양인은 가슴 근육이 쉽게 생기고 팔 근육이 강해서 손아귀의 근력이 다른 체질보다 강하다. 반대로 등 뒤에서 허리 아래쪽, 무릎관절 주위가 약해서 요통을 자주 호소한다. 또 나이가 들면서 무릎이 약해서 소리가 나거나 통증을 자주 호소하기 때문에 어릴 때부터 허리 근육과 무릎 주위의 근육을 키워 나가는 것이 필요하다.

소양인 중에 허리 근육이 약한 사람은 앉아 있을 때 허리를 똑바로 펴지 못하고 자꾸 팔에 의지하거나 다리를 꼬고 앉는 경향이 있고 걸을 때도 어깨를 지나치게 좌우로 많이 흔들고 손을 많이 휘젓는다. 이런 신체 움직임은 허리 근육을 약화시키고, 허리뼈에 더 많은 부담을 주기 때문에 빨리 고쳐야 한다. 이때 장요근과 대퇴사두근을 강화하면 몇 개월 지나지 않아서 그 효과가 나타난다.

허리가 아플 때는 장요근을 강화하기 위해 엎드린 자세에서 발목을 고정하고 윗몸일으키기를 하면 복직근보다 장요근이 강화되는데, 처음에는 8~10개 정도만 하다가 점차 늘려서 20개까지 늘리면 허리가 강해져서 걸을 때 뒤쪽의 허리 근육이 받쳐 주는 느낌을 스스로 알 수 있다.

대퇴사두근을 강화하기 위해서는 누워서 자전거 타는 자세를 취하고, 처음에는 25번 정도 다리를 돌리다가 점차 늘려서 50~100개까지 늘려 나가면 대퇴사두근이 굵어져서 계단을 올라 갈 때 힘이 세졌다는 것을 느낄 수가 있다. 또 소양인 아이는 평소에 인라인스케이트, 골프, 승마 등을 통해 음기를 보충하는 것이 건강유지에 도움을 준다.

내 아이 성격별로 어떤 운동 어울릴까?

성격이 차분한 아이들은 맥 에너지가 약한 경우가 많은데, 전체 아이들의 50~60%가 맥 에너지가 약한 경우에 속한다. 이럴 경우에는 맥 에너지를 강하게 만들어야 하므로 충분한 영양섭취를 한 다음에 운동을 해야 한다. 영양부족이 된 상태에서 운동을 하면 오히려 체력을 떨어뜨리고 기운을 깎아 내는 상황이 발생할 수 있다. 위에서 말한 운동종목에 기반을 두어 서서히 운동량을 늘려야 한다. 성격이 조용한 아이들은 공격과 수비를 나누어 할 수 있는 야구, 탁구, 활쏘기, 마라톤, 육상, 자전거 타기 등이 좋다.

성격이 급하고 외향적인 아이들은 맥 에너지가 충분하고 때로는 넘치는 경우도 있는데 전체 아이들의 10~15%에 지나지 않는다. 이런 아이들은 충분히 땀을 흘리게 만들어야 하며, 운동 후에 갈증이 나지 않도록 중간에 음료와 과일주스를 보충해야 한다. 성격이 급한 아이들은 수영장에서 할 수 있는 운동과 짧은 시간에 땀을 흠뻑 흘릴 수 있는 농구, 검도, 유도, 배구 등이 좋다.

내 아이 체격별로 어떤 운동 어울릴까?

세계적인 운동선수들 중에는 의외로 건강이 좋지 않아서 운동을 시작한 경우도 있다. 하지만 아무나 운동을 한다고 더 건강해지는 것은 아니다. 체계적인 분석을 통해 몸과 마음이 집중될 수 있어야 한다.

천식이나 호흡기가 약한 아이들은 수분이 충분한 수영이 좋다. 다만 수영장에 약품소독을 하는 경우가 많아서 아토피성 피부염이나 비염이 있는 아이들은 증상이 나빠지는 경우가 있기 때문에 환경이 좋은 수영장에서 하기를 권한다.

성격이 산만하고, 맥이 강한 아이들은 양궁이나 사격처럼 집중력을 필요로 하는 운동이 맞지 않다. 동적인 운동종목인 농구, 축구, 태권도 등이 잘 맞다. 베이징 올림픽 양궁 개인전 결승에서 박성현 선수가 마지막에서 집중력이 떨어지고 얼굴에 불안감을 보였던 것도 체질적인 특성에서 기인한다고 볼 수 있다. 이런 경우에는 보다 편안한 상황을 떠올려야 하는데 전투적인 분위기와 시끄러운 환경이 부담이 되다 보니 생각이 집중되지 않고 분산되면서 자세가 불안정해지고 결국 활시위를 떠난 화살이 빗나가지 않았나 추측된다.

성격이 산만한데 맥이 약한 아이들은 짧은 시간에 승부가 결정되는 탁구, 단거리 달리기, 사격, 양궁 등이 몸의 건강상태를 호전시키는 데 도움이 된다. 하지만 운동유발성 천식이 있거나 소화기가 약한 상태에서 무리하게 오랫동안 운동을 하면 체력이 더 떨어지는 경우도 발생한다.

어떤 운동이든지 아이들이 흥미를 가지고 지속적으로 할 수 있는 것으로 선택하는 것이 좋다. 특히 운동을 한 다음에 식욕이 증가하고 잠을 깊이 자고 대변과 소변이 정상적으로 나온다면 그 운동은 아이에게 도움이 되는 것이라고 볼 수 있다. 하지만 운동을 시작한 다음에 깊은 잠을 이루지 못하거나 식욕이 떨어지고 소변량이 줄어든다면 운동 강도가 너무 세거나 종목이 맞지 않아서 발생한 것일 수도 있다.

Chapter 2

시험날을 앞두고 / 체질과 보약

음식의 선택 / 생식과 선식

Chapter 2

수험생의 건강관리

01
시험날을 앞두고

　중요한 시험일이 눈앞에 다가오면 대부분의 학생들은 긴장하게 되고 깊은 잠을 이루지 못하는 경우가 많다. 이렇게 시험에 대한 스트레스가 쌓이면 건강도 나빠질 수밖에 없다. 하지만 시험공부를 멈출 수 없기 때문에 몸과 마음을 회복시킬 시간이 부족해지고 다시 기력이 떨어지는 악순환이 반복된다.
　간혹 너무 긴장된다고 해서 우황청심환을 먹는 학생도 있는데, 평소에 미리 우황청심환을 먹어보고 상기가 되거나 소화 장애가 생기는 사람은 먹지 않는 것이 좋다. 소화력이 약한 사람은 1알을 다 먹지 말고 절반만 먹어도 효과가 나타날 수 있다.

수험생들에게 찾아오는 질병 관리

감기

시험을 앞두고 학생들을 가장 많이 괴롭히는 병이 감기이다. 감기는 불규칙한 생활습관과 상관성이 많기 때문에 평소의 생활규칙을 잘 지켜야 한다. 감기에 걸리면 마지막에 시험공부를 정리할 수 있는 귀중한 시간을 허비하기 때문에 감기 기운이 나타날 때 미리 준비한 한약을 먹고 1~2시간 수면을 취하면 좋다. 한약재로 구성된 감기약은 졸림 증상이 나타나지 않기 때문에 안심하고 먹어도 된다.

두통

수험생이 호소하는 두통은 긴장성 두통이 많기 때문에 잠시 휴식을 취하거나 가벼운 운동을 짧게 하면 사라질 수 있다. 감기에 동반된 두통이 나타날 때는 감기약을 먹고 짧게 수면을 취하면 낫는다.

복통

복통은 특별한 질병이라기보다는 음식이나 스트레스와 관련성이 많다. 따라서 수험생은 평소에 자주 먹던 음식을 먹는 것이 좋으며 기름기가 많은 고깃국이나 지나친 육류의 섭취는 피해야 한다. 스트레스성으로 나타나는 복통은 중요한 시험을 앞두면 더 심해질 수 있기 때문에 평소에 치료를 하는 것이 좋다. 시험날 긴장해서 복통이 나타날 때는 매운 음식을 피해야 한다.

요통

수험생이 호소하는 요통은 긴장된 상태에서 근육의 뒤틀림(염좌) 때문에 나타나므로 같은 자세를 오랫동안 취하지 말아야 한다. 긴장이 될수록 양쪽 발의 위치를 자주 바꾸어 주고, 다리를 꼬는 습관을 고쳐야 한다.

바른 자세

시험을 앞두고 공부에 몰두하다 보면 시간이 빨리 흘러간다. 평소에 등을 구부리거나 다리를 꼰 자세에서 책을 보는 경우에는 뒷목이나 허리가 비틀려서 뼈마디가 어긋날 수 있다.

따라서 책상 앞에 바짝 다가가서 뒷목, 등, 어깨에 힘을 빼고 의자에 앉은 상태에서 발바닥이 바닥에 충분히 닿을 수 있어야 하며, 눈은 책과 적당한 거리를 유지한 상태에서 집중해야 한다. 열정만 앞서는 상황에서 관절에 힘이 들어간 자세로 공부에 몰두하다 보면 근육이 뭉쳐서 통증을 유발하고 집중력이 떨어져서 자신의 능력을 발휘할 수가 없게 된다.

음식 섭취

시험날과 그 전날에는 평소에 자주 먹던 음식을 먹는 것이 좋다. 몸보신을 한다고 기름진 음식을 먹거나 과식을 하면 탈이 날 가능성이 매우 높다.

정신적으로 긴장된 상태에서는 아무리 먹고 싶은 음식이라고 하더라도 탈이 날 수가 있다. 따라서 평소에 자주 먹던 일상적인 음식을 먹는 것이 가장 무난하다. 또한 과일은 너무 많이 먹으면 소화기관에 부담을 줄 수 있으므로 1~2쪽으로 제한할 필요가 있다.

수면

최고의 휴식은 편안하고 깊은 수면이다. 평소의 습관대로 잠자리에 드는 것이 좋으며, 저녁 늦게 물과 과일을 너무 많이 섭취하면 중간에 깨서 소변을 보아야 하기 때문에 너무 많이 먹지 않아야 한다.

깊은 잠을 이루기 위해서는 실내 온도가 섭씨 18~20도를 유지하는 것이 좋고, 밝지 않아야 하며, 시끄럽지 않아야 깊은 수면을 취할 수 있다. 또한 아늑하고 포근한 침구, 높지 않은 베개를 베고 잠을 자는 것이 좋다. 베개는 북쪽에 두고, 동남쪽을 향해서 잠을 자는 것이 머리가 맑고, 꿈을 꾸지 않게 된다.

뇌 활동에 좋은 풍지혈 지압법

긴장하면 뒷목이 뻣뻣해지고 머리가 아플 수 있으며 집중력이 떨어지는 경우가 많다. 이럴 때는 귓불 뒤쪽에 움푹 들어간 곳이 있는데 풍지라는 혈자리이다. 자신의 가운데 손가락으로 꾹꾹 눌러 보면 상당히 아프고 살살 눌러보면 시원한 느낌이 드는 곳이 있다. 긴장이 되거나 스트레스로 인해 짜증이 날 때, 문제가 잘 풀리지 않을 때 10초 정도만 눌러도 긴장완화 효과가 나타나는 혈자리이다. 스트레스가 아주 심한 사람은 밤톨 모양으로 딱딱한 덩어리가 만져지기도 한다.

02
체질과 보약

 공부는 결국 체력 싸움이다. 왜냐하면 마지막이 되면 모두 죽어라고 자신의 최선을 다하기 때문이다. 이럴 때 필요한 것이 보약이다. 보약 가운데는 인삼이 들어가는 것, 녹용이 들어가는 것, 숙지황이 들어가는 것, 오가피가 들어가는 것이 있다.

 그런데 어떤 어머니들은 "녹용을 먹으면 우리 아들의 생각이 모두 이상한 쪽으로만 가는 것이 아닐까요?"라고 묻는 경우가 있다. 녹용이 마치 비아그라도 되는 것처럼 걱정한다. 단지 원기만 보충하고 피로 회복을 촉진할 뿐인데 너무 겁먹는 것이 아닌지 모르겠다.

 얼마 전 경희대학교 한방소아과에서 발표한 논문을 보면 녹용을 먹은 아이와 전혀 먹지 않은 아이의 학업성적 비교에서 녹용을 먹은 아이의 학업성적이 높은 유의성을 나타냈고, 녹용을 매년 먹은 아이와 그렇지 않았던 아이의 학업성적에 차이가 있다는 연구결과가 나왔다.

갑돌이에겐 명약이 을식이에겐 독약

일반적으로 간은 눈과 밀접한 관련이 있다. 그래서 야맹증 치료를 위해 비타민 A가 필요할 때 간이나 간유를 처방해 준다. 어떤 사람이 눈이 어두워서 노루의 간을 먹었더니 밝아졌다. 이 말을 들은 다른 이도 따라했는데 피를 토하고 죽고 말았다. 눈이 밝아졌다는 사람은 소음인이고 피를 토하고 죽은 이는 소양인이었다. 노루의 간은 따뜻한 성질을 지니고 있어 차고 허약한 소음인이 먹으면 약이 되지만 열이 많은 소양인에게 노루의 간은 독약을 삼킨 것이나 마찬가지였던 것이다.

인삼, 녹용은 보약의 대명사지만 누구에나 다 좋은 것은 아니다. 어떤 이에게는 오히려 해가 될 수도 있다. 천하의 산삼이라도 마찬가지다. 인삼은 숙취를 해소하는 등 훌륭한 효능을 가진 약이지만 몸이 뜨거워서 겨울에도 이불을 덮지 않을 정도로 열이 많은 사람에게는 좋지 않다.

녹용도 마찬가지다. 몸이 허약해서 자주 감기에 걸리고 땀이 많은 사람에게 좋다. 코피를 잘 흘리고 양기가 떨어지는 사람에게도 효과를 발휘한다. 그러나 감기가 들었거나 음허(陰虛) 증상이 있을 때는 피해야 한다. 자신에게 맞지 않는 보약을 쓸 바에야 아예 쓰지 않는 것이 좋다.

태음인에게 좋은 보약 재료는 녹용, 웅담, 오미자, 맥문동, 칡이다. 소음인에게는 인삼, 부자, 황기, 계피, 당귀, 감초가 맞다. 태양인에게는 오가피, 모과, 다래, 솔잎, 붕어가 좋다. 소양인에게는 숙지황, 산수유, 구기자, 생지황, 영지버섯이 맞다.

모든 사람에게 좋은 약은 없다

한때 충남 도고온천 진입로의 수백 그루 살구나무들이 수난을 당했다고 한다. 다 익지 않은 살구를 매실로 오해한 관광객들이 살구를 다 따가고 껍질까지 벗겨간 것이다. 당시에 드라마 〈허준〉이 한창 인기리에 방영되고 있었는데 극중에서 매실로 역병을 치료하는 장면이 나오자 전국에 매실 열풍이 불었기 때문이다. 매실음료, 매실주, 매실농축액, 매실정과 등이 불티나게 팔리고 매실 재배 농민들은 뜻밖의 목돈을 쥐게 되었다.

그러면 매실을 찾아 먹었던 모든 사람이 다 효과를 보았을까. 정답은 '아니오'이다. 매실은 구연산, 사과산, 무기질이 풍부해 피로회복, 정장작용에 탁월한 효능이 있긴 하다.

그러나 매실의 주성질은 폐 기능을 활성화시켜 원기를 회복시키는 작용이 강하므로 선천적으로 폐 기능이 허약한 태음인에게 큰 보탬이 되지 소음인에겐 약간만 좋고 소양인에겐 오히려 조금 거북한 감이 있으며 태양인 가운데 맥이 강한 사람은 절대 금물이다. 매실은 폐를 보해 주는 약인 공진흑원단의 주요 재료인데 이것은 어디까지나 태음인을 위한 약이다.

한때 한반도를 평정했던 알로에도 비슷하다. 지금은 그 열기가 식었지만 집집마다 무슨 만병통치약처럼 재어 놓고 먹는 사람들이 많았다. 《동의보감》에 보면 알로에는 성질이 차기 때문에 위기능이 약하고 차가워 설사를 자주 하고 음식을 잘 못 먹는 사람은 피해야 할 약이다.

주된 치료대상은 몸에 열이 많아서 음식을 많이 먹지만 실제로 몸이 수척한 사람과 화상으로 피부가 화끈거릴 때에 사용하면 좋다. 결국 알로에

는 소양인이나 태음인처럼 신체 기능이 항진된 사람들에게만 맞지 소음인 처럼 위 기능이 약하고 몸이 찬 사람에게는 오히려 해가 된다.

이전에도 쇠뜨기풀이니, 해당화니 하는 식으로 유행이 명멸했다. 모든 사람에게 좋은 약은 없다. 같은 약이라고 해도 체질에 따라 득이 되기도 하고 실이 되기도 하는 것이다.

03
음식의 선택

　굶으면서 하는 공부는 사실 너무 많은 인내심을 요구한다. 사람의 세 가지 기본 욕구 중의 하나가 먹는 행위인데 이것을 거스르는 것이 쉽지도 않을 뿐더러 그 인내심에 비해 결과도 좋지 못하다. 보통 7일 정도 단식을 단행하면 약 3~7kg 정도 살이 빠지기도 한다.

　그러나 사람의 식습관을 하루아침에 바꿀 수는 없기 때문에 두세 달을 넘기지 못하고 원래대로 돌아온다. 또 굳이 요요현상까지 들먹이지 않더라도 우리 몸은 오랫동안 굶고 나면 소화력과 흡수력이 좋아지고 들어오는 영양분을 잡고 놓지 않으려는 내성이 생긴다. 그래서 단식이란 잠깐만 날씬함을 즐길 수 있지 결과적으로는 더욱 뚱뚱해지기 쉬운 방법이다. 식욕억제제나 야채효소를 이용한 공부가 오래가지 못하는 것도 마찬가지다. 포장만 다를 뿐 결국은 음식섭취량을 줄이는 방법이기 때문이다.

　한방에서는 선천적으로 오장육부의 크고 작음이 결정된다고 생각한다. 그래서 가려야 할 음식이 있고 적극적으로 먹어야 할 음식도 있다. 이는 음식만으로 모든 질환을 치료한다는 것보다는 오장육부의 기능을 돕고 보강하는 데에 주안점을 두었기 때문이다. 한의학에서 음식은 기미론적인 면에서 음식물을 각자의 체질에 응용함으로써 병이 들기 전에 미리 대비하는 치료 수단으로서도 사용한다.

중국, 일본, 영국, 프랑스 등에서는 무엇인가 마시면서 얘기하는 것이 보편화되어 있다. 이들 나라에서 차 마시기가 발달한 것은 자연의 물이 좋지 않기 때문이다. 중국을 예로 들더라도 남방을 제외한 전역에서 차 마시는 것이 생활화되어 있다. 중국은 경제여건이 우리나라에 비해 뒤떨어져 있는데도 불구하고 생수를 사 마시는 것이 보편화되어 있다.

우리나라는 물이 풍부하고 그 맛이 좋아 차 마시기가 생활화되어 있지 않았다. 그러나 환경이 많이 파괴되면서 우리가 마시는 물은 생수 아니면 끓인 차가 대부분이다. 차 마시는 문화가 자연스럽게 퍼지면서 이제는 한방차도 손쉽게 다이어트 요법으로 마실 수 있게 되었다.

그러나 한방차는 어디까지나 보조 요법이므로 금방 효과가 나타나는 것은 아니고 6개월 이상은 꾸준히 습관을 들여야 한다. 또 한방차는 단식이나 시중의 갖가지 체중감량제 같은 빠른 효과는 없지만 거꾸로 단식 같은 다이어트를 중단한 다음에 나타나는 급격한 체중 증가 현상이 일어나지 않는다. 한방 차 마시기는 단순히 살만 빼기보다 마음과 몸의 상태를 개선시키는 데 주안점을 둔다. 한 가지 유념할 점은 한방차도 엄연히 한약의 일종이므로 자기 몸의 상태와 맞지 않거나 지나치게 많이 마시면 부작용을 일으킬 수 있다는 것이다.

한방차로 만들어 마시는 민간 약재는 여러 가지 효능을 가지고 있는데 대표적인 것이 대변과 소변의 배설을 촉진시키고 소화를 도와주는 기능이다. 그리고 정신을 안정시키는 기능도 있다. 속이 헛헛하거나 짜증이 쉽게 나면서 몸이 무겁고 피로한 데 적격이다. 차 한 잔에 잔잔한 음악까지 흐르고 있다면 심신이 편안해진다.

약재마다 조금씩 다르겠지만 여러 가지 약재가 섞여 있는 것은 1시간 30분 정도 달이는 것을 기준으로 한다. 씨앗과 딱딱한 줄기가 들어 있는 것은 2시간, 열매나 껍질이 들어 있는 것은 30분에서 1시간 정도, 잎사귀는 15분 이내로 달인다. 너무 오랫동안 달여도 좋지 않다. 약재의 좋은 성분이 달아나기 때문이다. 그리고 맛도 써서 마시기가 고약하다.

약재량은 물 1ℓ에 20g이 적당하다. 맛이 쓰다고 꿀이나 설탕을 넣는다면 체중 감소라는 원래 목적이 희석되므로 대신 대추나 감초를 두세 개 넣어 달인다.

태양인은 해산물이 좋다

태양인 가운데 맥이 강한 사람은 기운이 쉽게 움직여서 실수가 많으므로 항상 자신의 마음을 조절할 수 있도록 해산물과 채식, 짜거나 맵지 않은 소식(素食)이 좋다. 또한 기름진 육류보다 생선이나 해산물로 단백질을 보충할 것을 권한다. 특히 커피, 인삼차, 꿀차, 쌍화차 등은 마시지 않는 것이 좋다.

권장음식

- 곡류 : 메밀, 쌀
- 육류 : 모두 나쁘다.
- 해물 : 생굴, 해삼, 멍게, 전복, 새우, 게, 가재, 자라, 가물치
- 채소 : 솔잎, 송홧가루, 배추, 오이, 상추, 우엉(뿌리)
- 과일 : 포도, 머루, 다래, 감, 앵두, 모과

권장 차(茶)

- 머루차, 모과차, 솔잎차, 녹차

가급적 피해야 할 음식

- 맵거나 자극성 있는 조미료(고추 · 겨자 · 카레), 닭고기, 개고기, 노루고기, 염소고기, 꿀, 술

[태양인 권장 식단]

특성	아침	점심	저녁
1	밥, 김치 홍합국 미역줄기볶음	밥, 김치 새우탕, 문어볶음 상추겉절이	밥, 김치 굴백탕, 오징어불고기 연근조림
2	밥, 김치 시금치	밥, 김치 미역국, 홍어찜 토마토, 샐러드	밥, 김치 낙지볶음, 맛살전 김구이

태음인은 지나친 육식은 피한다

태음인 가운데 소화기가 튼튼해서 아무 음식이나 잘 먹는 사람에게는 지나친 육식의 섭취를 제한했다. 육식을 과도하게 섭취하면 기운의 순환이 느리고 성인병이 많이 발생하기 때문이다. 이런 사람들은 채식을 많이 하는 것이 좋다.

권장음식
- 곡류 : 현미, 밀, 콩, 고구마, 율무, 수수, 땅콩, 들깨, 오이, 수수, 율무
- 육류 : 쇠고기, 우유, 잉어
- 해물 : 고등어, 청어, 해삼, 한천, 스쿠알렌
- 채소 : 무, 도라지, 연근, 당근, 더덕, 버섯, 마, 호박
- 과일 : 밤, 잣, 호두, 은행, 배, 매실, 살구, 배

권장 차(茶)
- 율무차, 칡차(갈근차), 들깨차

가급적 피해야 할 음식
- 홍삼, 닭고기, 개고기, 돼지고기, 삼계탕, 인삼차, 꿀

[태음인 권장 식단]

특성	아침	점심	저녁
1	밥, 김치 우렁된장찌개, 꽁치구이 미역줄기볶음	버섯덮밥, 깍두기 미역국 취나물	밥, 김치, 알찌개 뱅어포볶음 연근조림
2	밥, 김치 콩나물김치국, 명란구이 취나물	국수장국 김치, 불고기 콩샐러드, 단무지	밥, 김치 갈비탕, 아욱무침 두릅미나리볶음
3	밥, 김치 우거지탕, 고등어구이 비름나물	밥, 김치 소고기두부국, 땅콩자반 도라지초무침	밥, 김치 곰탕, 무조개젓생채 도토리묵무침
4	밥, 김치 토란국, 명란젓무침 다시마튀각	밥, 김치 다시멸치미역국, 표고나물 소고기튀김	밥, 김치 참치찌개, 장조림 야채샐러드
5	밥, 김치 두부백탕, 연어구이 버섯채소볶음	밥, 김치 명란알매운탕, 더덕무침 김구이	애호박수제비 김치, 두부전 미역무침
6	밥, 김치 소고기무국, 고등어조림 해파리냉채	밥, 깍두기 김치전골, 불고기 당근볶음	밥, 김치 설렁탕, 골뱅이무침 도라지볶음
7	참치샌드위치 소고기야채크림수프 무피클, 과일샐러드, 우유	밥, 김치 갈치찌개, 청어구이 머위나물	밥, 김치 조갯살콩국 무미역생채, 쥐포무침
8	밥, 김치 어묵국, 소고기볶음 깻잎나물	밥, 김치 순두부찌개, 참치전 애호박찜	밥, 김치 소고기미역국 편육채, 쥐포무침
9	밥, 김치 버섯전골, 꽁치구이 다시마쌈	밥, 깍두기 근대조개국, 쇠갈비찜 숙주나물	밥, 김치 육개장, 두부무침 콩샐러드
10	밥, 김치 아욱된장국, 두부부침 도라지나물	밥, 김치 청국장, 떡잡채 해파리냉채	밥, 김치 호박된장찌개 참치구이, 야채냉채

소양인은 시원하고 담백한 음식이 맞다

소양인 가운데 맥이 강한 사람은 몸에 열이 많아서 시원하고 담백한 음식이 좋다. 데우거나 익히는 식으로 불의 힘을 이용한 조리법은 피해야 하는데 이들은 약도 식혀서 먹으라고 한방에서 지시할 정도이다. 닭고기나 술과 매운 음식을 피해야 함은 물론이다. 특히 커피 인삼차 꿀차 쌍화차 등은 좋지 않다

권장음식
- 곡류 : 보리, 팥, 녹두, 콩
- 육류 : 돼지고기, 오리고기
- 해물 : 생굴, 해삼, 멍게, 전복, 새우, 게, 가재, 복어, 자라, 가물치, 가자미
- 채소 : 배추, 오이, 우엉(뿌리), 상추
- 과일 : 참외, 딸기, 바나나, 파인애플, 귤
- 기타 : 생맥주, 빙과

권장 차(茶)
- 구기자차, 두충차, 산딸기차, 녹차

가급적 피해야 할 음식

- 맵거나 자극성 있는 조미료(고추 · 생강 · 파 · 마늘 · 후추 · 겨자 · 카레), 닭고기, 개고기, 노루고기, 염소고기, 꿀, 인삼, 홍삼

[소양인 권장 식단]

특성	아침	점심	저녁
1	밥, 김치 우거지토장국, 청어구이 호박전	밥, 김치 오징어찌개, 햄구이 우엉조림	밥, 김치 돼지갈비탕, 굴무침 비름나물
2	밥, 김치 버섯된장찌개 어리게젓, 김구이	밥, 김치 돈김치찌개, 두부조림 상추겉절이	밥, 김치 호박젓국찌개 계란말이, 오이무침
3	밥, 김치 어묵국, 건새우볶음 가지나물	밥, 김치 배추전골, 낙지볶음 김무침	밥, 김치 미역국 제육볶음, 버섯조림
4	밥, 김치 애호박국, 돈갈비찜 야채냉채	김치덮밥 오이소박이 계란국, 잡채	밥, 김치 부대찌개, 완자전 콩나물무침
5	밥, 김치, 우렁된장찌개 야채달걀말이 오이제육볶음	밥, 김치 채소샤부샤부 맛살전, 버섯나물	밥, 김치 해물탕, 고등어튀김 파래무침
6	밥, 김치 버섯국, 홍합양념조림 양상추샐러드	밥, 김치 만두국, 오이무침 호박나물	밥, 김치 새우두부찌개, 굴전 상추겉절이
7	밥, 김치 호박국, 해물초회 버섯전	밥, 김치 맑은장국, 돈가스 야채샐러드	밥, 김치 오징어무국, 게찜 미역무침
8	밥, 김치 배추된장국, 가자미구이 참나물	밥, 김치 제육볶음, 상추쌈 가지찜	밥, 김치 복어탕, 호박볶음 새우젓무침
9	밥, 김치 유부국, 주꾸미양념구이 오이지무침	밥, 김치 꽃게탕, 새우볶음 호박오가리무침	밥, 김치 돈육개장 오징어탕수, 우엉조림
10	밥, 김치 오징어국, 비름나물 돈육청경채볶음	밥, 김치 계란국, 새우튀김 근대나물	밥, 김치 비지찌개, 사태구이 깨순나물

소음인은 열을 보강하는 음식이 맞다

소음인 가운데 맥이 약한 사람은 소화기가 약해서 차가운 음식이나 성질이 냉한 음식이 안 좋다. 음식을 볶고 찌고 굽고 데우거나 익혀서 열을 보강해야 한다. 한방 약재를 처방할 때 이를 주의시켰음은 물론이고 평소에도 몸 상태가 나빠지면 돼지고기, 녹두, 밀가루음식, 풋과일은 먹지 않는 것이 좋다. 항상 따뜻한 기운을 잘 보존하는 것이 중요하다.

권장음식

- 곡류 : 찹쌀, 차조
- 육류 : 보신탕, 노루고기, 염소고기, 닭고기(삼계탕), 벌꿀, 메뚜기
- 해물 : 명태, 조기, 멸치, 민어, 미꾸라지, 갈치
- 채소 : 양배추, 파, 마늘, 생강, 고추, 겨자, 후추, 카레, 양파, 피망
- 과일 : 복숭아, 대추

권장 차(茶)

- 인삼차, 계피차, 생강차, 꿀차, 쌍화차, 쑥차, 귤껍질차

가급적 피해야 할 음식

- 냉면, 참외, 수박, 냉우유, 빙과류, 생맥주, 보리밥, 돼지고기, 오징어, 밀가루음식(특히 라면)

[소음인 권장 식단]

특성	아침	점심	저녁
1	밥, 김치 감자국, 북어부푸라기 다시마튀각	밥, 김치 미역국, 대구포무침 피망잡채	밥, 김치 조기찌개, 달걀말이 쑥갓나물
2	밥, 김치 시금치국, 멸치볶음 부추겉절이	밥, 김치 참치찌개, 닭살냉채 미나리무침	밥, 김치 시금치국, 홍합튀김 꽈리고추조림
3	밥, 김치 된장국, 명태포무침 김구이	밥, 김치 아욱국, 갈치구이 야채샐러드	밥, 김치 닭곰탕, 뱅어포구이 양파무침
4	밥, 김치 경단미역국, 민어구이 깨순나물	밥, 김치 대구탕, 어묵조림 미역초무침	밥, 김치 갈치조림, 치킨크로켓 고사리나물
5	밥, 김치 북어국, 닭강정 쑥갓무침	밥, 김치 갈치찌개, 명란구이 채소샐러드	밥, 김치, 김치전골 북어양념구이 부추겉절이
6	밥, 김치 감자미역국, 조기구이 파무침	밥, 김치 삼계탕, 노가리조림 브로콜리무침	밥, 김치 된장찌개, 어묵냉채 시금치나물
7	밥, 김치 부추맑은장국, 조기구이 고추잎나물	밥, 김치 통감자국, 닭도리탕 마늘장아찌	밥, 김치 어묵국, 야파참치전 알감자조림
8	밥, 김치 토란국, 생선전 미나리나물	밥, 김치 북어달걀국, 닭다리조림 토마토샐러드	밥, 김치 대구탕, 닭갈비 고추조림
9	밥, 김치 아욱국 감자야채볶음	밥, 김치 김치찌개, 조기구이 파강회	밥, 김치 해물잡탕, 멸치볶음 쑥갓나물
10	밥, 김치 들깨된장국, 도미찜 시금치나물	밥, 김치 닭카레, 북어국 아욱된장무침	닭백숙, 김치 부추달걀볶음 아욱된장무침

04
생식과 선식

생식(生食)은 열을 가하지 않고 처리해서 원재료의 영양소를 제대로 섭취한다는 뜻이 강하고, 화식(火食)에 대비되는 섭취방식이다. 열을 가해서 영양소 파괴가 우려되는 식재료들은 화식보다 생식이 유리하다.

또한 부수적으로 열량이 적기 때문에 체중조절을 하고자 하는 사람들에게 도움을 줄 수가 있다. 하지만 생식은 잘못하면 신체에 영양불균형을 초래할 수가 있기 때문에 일부 사람을 제외하면 별로 그 효용가치가 없다. 특히 간편하다는 이유로 생식을 강조하다보면 음식에서 얻을 수 있는 많은 요소를 잃을 수 있다.

음식은 영양소 공급 차원에서 머무르는 것이 아니다. 서양의 식품영양학에서는 열량과 비타민, 무기질 공급 차원에서 음식을 분석했고, 지금도 이런 사고방식은 변하지 않고 있다. 생식은 이런 서양적인 음식관을 기본으로 하고, 화식에 대한 비판적인 요소를 등에 업고 약간은 미화된 상태에서 우리나라 사람들에게 파고들고 있다. 지금도 수많은 생식 관련 업체들이 우후죽순 들어서고 있으며, 일부 업체는 위생관리에 문제가 있는 것으로 드러났다. 하지만 시간이 지나면서 생식을 해 본 사람들은 그 효과에 대해 의문을 품고, 점차 멀리하게 되었다고 본다.

음식은 단순히 신체적 활동에 필요한 에너지, 비타민과 무기질 공급에만 머무르지 않고, 정신적 안정과 삶의 의미, 살아가는 활력소를 제공하는 훌륭한 수단이자 기회이다. 하루 1번 열량만 줄인다고 해서 비만이거나 고지혈증인 사람이 정상적인 체중이나 혈액성분에 도달하지는 않다. 인간은 하루에 1끼 열량이 적은 식사를 하더라도 나머지 2끼의 식사와 간식을 통해 원래 가지고 있던 식습관으로 되돌아갈 가능성이 너무도 많다.

생식으로 도움을 받을 수 있는 사람

생식은 보통 1포에 80~120g의 재료를 사용한다. 더구나 쌀이나 보리와 같은 탄수화물을 기본으로 해서, 콩류, 말린 채소류, 생선류 등을 섞어서 저온에서 건조하여 원하는 회사의 레서피에 따라 혼합한 다음 갈아서 포장하고, 물을 부어서 먹도록 한다. 그렇다 보니 1회 용량에서 공급되는 열량이 성장기의 어린이들의 기준치에도 절대적으로 부족하다.

그래서 단기적으로 체중을 조절해야 되는 경우, 고지혈증인 경우에 효과가 있다. 또한 육체적 활동이 적은 사람이나 몸의 신진대사가 왕성해서 날콩이나 녹두 종류를 먹더라도 비린내가 역하지 않게 여겨지는 사람들은 생식을 해도 무방하다.

심한 정신적 긴장이 있어서 깊은 잠을 이루지 못하는 사람 중에서도 날콩의 비린내를 느끼지 못하는 사람들이 있는데, 이런 사람들도 생식을 하면 심리적 안정을 얻을 수가 있다.

생식을 하지 말아야 되는 사람

인류가 불을 발명한 이후로 평균수명은 엄청나게 늘어났고, 소화기 질환은 급격히 줄었다. 왜냐하면 대부분의 사람들은 불에 익힌 음식을 먹었을 때 소화율이 올라가고, 흡수가 잘 되기 때문이다. 실제로 임상에서 환자들을 보면 70% 이상이 신진대사가 떨어져 있다. 이런 사람들은 익힌 음식을 먹었을 때 소화율이 올라가고, 생식을 하면 소화나 흡수에 문제가 발생할 수 있다. 과일이나 채소류를 날 것으로 먹으면 영양소의 파괴가 줄어드는 것은 사실이지만 많이 먹을 수 없다. 우리나라 사람들이 정월 대보름날 오곡밥과 여러 가지 나물을 먹는데, 날 것을 먹지 않고 익혀서 먹기 때문에 날것으로 먹는 것보다 몇 배나 많은 양을 먹을 수 있고, 먹고 나서도 소화나 흡수에 별로 부담이 되지 않는 것도 화식의 장점이다.

특히 성장기의 어린이나 열량소모가 많은 사람, 시간이 부족한 사람은 화식을 해야 활동에 필요한 에너지를 충분히 얻을 수가 있다. 인간이 활동시간의 5% 미만을 식사시간에 투자할 수 있었기 때문에 지금의 문명을 이룩할 수가 있었던 것에 비해 대부분의 동식물은 하루 종일 생식을 하면서 영양소를 얻기 위해 투쟁해야 한다.

선식의 장단점

요즈음 생식과 더불어 선식도 일반인들에게 많이 소개되고 있다. 선식은 스님들이 참선수행을 위해 먹는 음식인데, 오로지 생명유지 차원에서 시간을 절약하고 간편하게 먹을 수 있는 곡물로 만들어졌다. 선식은 미숫가루와 비슷하지만 만드는 과정은 다르다. 선식은 쪄서 말린 현미, 보리쌀, 검은콩, 들깨, 율무 등의 곡물을 볶은 다음 가루로 만든 음식이다.

입적하신 성철 스님도 참선수행 중에 선식을 하고 물만 마시다가 영양소 결핍으로 고생했을 정도로, 선식은 일반인들이 따라 해서 얻을 수 있는 좋은 점이 거의 없다. 다만 지나친 열량섭취로 인해 과체중이 되거나 고지혈증이 있을 경우에는 짧은 기간 동안 시도해 보는 것은 무방하다고 생각한다. 그러므로 선식을 성장기 어린이나 체력이 약한 노인들에게는 권해서는 안 된다.

Chapter 3

건강과 체질 / 밥 안 먹는 아이

감기를 달고 사는 아이 / 잠 안 자는 아이 / 땀 많은 아이

알레르기 체질 / 아이 체질과 키

Chapter 3

•

건강이
최고다

01
건강과 체질

건강은 타고나는 면도 있고, 후천적으로 길러지는 면도 있다. 이 둘 모두 중요하다. 20세기 초까지만 하더라도 자연사(自然死)를 제외한 사망원인의 대부분이 페스트나 장티푸스 등과 같은 전염성 질환이었다. 그러나 오늘날에는 전염병 때문에 죽는 일은 크게 줄어들었다. 그 대신 중풍, 고혈압, 당뇨병, 비만, 암과 같은 성인병이나 면역기증이 제대로 조절되지 않아 생기는 알레르기성 질환, 복잡한 현대사회를 살아가면서 받는 과도한 정신적 스트레스에 의한 신경성 질환 등이 주요 사망원인이 되고 있다.

동일한 환경과 여건 속에서도 어떤 사람은 비만이 되고, 또 어떤 사람은 알레르기 체질이 되기도 하며, 또 어떤 사람은 정신적 스트레스를 견디지 못해 환자가 되는 것은 무슨 이유 때문일까? 이런 의문에 대해 이제까지의 의학은 인간을 획일적으로 생각했다. 질병의 원인은 물론이고 치료 역시 개개인의 체질적 특성을 무시하고 일률적으로 해 왔다. 서양에서도 최근에서야 A형 혈액형을 가진 사람에게 위암 발생률이 높고, 허리가 굵고 엉덩이가 작은 사람에게 불임증이 많다는 것을 밝혀냈다.

체질에 대한 견해는 기원전부터 시작하여 오늘에 이르기까지 여러 가지 유형으로 제기되었으나 그것이 임상에 실제로 적용된 예는 드물었다. 체질적으로 교감신경이 잘 흥분되는 태양인과 소양인은 화를 참아야 좋다. 그러나 부교감신경이 잘 발달되어 화가 나도 잘 참는 체질인 태음인과 소음인은 지나치게 기뻐하고 즐거워하는 것이 오히려 병이 될 수도 있다. 양기(陽氣)가 많아 기운이 솟구쳐서 병이 될 수 있는 사람들은 기운이 위로 올라가는 것을 막아야 한다. 반대로 기운이 자꾸만 가라앉아 병이 될 수 있는 사람들은 어떤 일이나 감정에 너무 쉽게 웃음을 짓거나 기뻐해서 기운이 가라앉지 않도록 주의해야 한다. 체질에 관련된 이야기가 하나 있다.

중년의 소양인 남자가 길을 가다가 양지 바른 곳에 앉아 참빗으로 정성들여 머리를 빗는 80세가 넘은 태음인 노인을 만났다.

"영감님, 정말로 정성들여 머리를 빗으십니다. 그리고 머리카락이 참 아름답습니다"라고 말을 걸자 노인은 얼굴 가득 웃음을 띠며 말했다.

"어려서부터 몸이 약해 고생을 많이 했는데, 집안 어른이 매일 한 번씩 머리카락을 정성껏 빗으라고 했소. 그래서 지금까지 해 오고 있는데, 신기하게도 아무런 병이 없이 이렇게 살고 있다오. 당신도 건강해지려거든 나같이 해 보시오."

집에 돌아온 중년의 소양인 남자는 하루에도 몇 번씩 열심히 머리카락을 빗었다. 그러나 얼마 지나지 않아 입과 눈이 비뚤어지고 얼굴 근육이 굳어졌다. 안면신경마비에 걸리고 말았던 것이다. 그래도 그 소양인 남자는 머리카락 빗질을 멈추지 않았고 몇 년이 지난 다음 중풍에 걸려 죽고 말았다. 이 우화는 이제마 선생이 직접 말해 준 것으로 각자의 체질에 따라 섭생을 달리해야 한다는 것을 보여주는 실화이다. 소양인은 몸에 열기(熱氣)와 화기(火氣)가 많아서 머리카락을 자꾸 만지면 기운이 위쪽으로 올라가 몸에 해로울 수가 있다. 그런데 세밀한 빗으로 머리카락을 자꾸 빗으면 화기와 열기가 위쪽으로 올라가 아래쪽의 음기가 약해지게 된다. 따라서 몸 상태가 좋지 않을 때는 머리카락에 자꾸 자극을 주면 이롭지가 않다.

또 다른 이야기가 있다. 노루의 간은 소음인 체질에게 이로운 음식이지만 소양인 체질에게는 이롭지 않은 것은 물론이고, 많이 먹으면 해로운 음식이다. 어떤 소음인 체질의 여성이 기운이 없고 시력이 약해서 노루의 간을 먹고 효과를 보았다. 그러자 주위에 있던 소양인 여성도 그 소문을 들었다. 이 소양인 여성은 폐결핵에 걸려 많은 고생을 했고, 수년 동안 치료를 받았으나 잘 낫지 않자 노루의 간을 몇 개나 구해서 먹었다. 그러자 몸이 회복되기는커녕 점차 몸무게가 줄고 피를 토하더니 결국 죽고 말았다. 소양인 체질에게는 노루의 간이 나쁘다는 것을 몰랐기 때문에 벌어진 일이다.

위의 이야기에서 볼 수 있듯이 평소 건강할 때의 생리적 조건도 체질마다 다르고, 질병에 걸렸을 때에도 체질마다 독특한 증상을 나타내는 것을 알 수 있다. 몸속의 균형이 깨졌을 때 병이 생긴다는 일반 한의학 원리와는 달리, 사상의학에서는 인체는 원래 불균형하기 때문에 몸속의 균형을 찾기 위해 인위적인 노력이 필요하다고 주장한다. 또한 같은 증상이라도 어떤 체질에서는 심각한 질병의 징표가 되기도 하고, 또 다른 체질에서는 오히려 가벼운 질병의 징표가 되기도 한다. 그리고 질병에 따라서는 특정 체질에만 주로 나타나는 병이 있는데, 이것을 체질병증이라 한다.

사상의학에서는 각 체질별로 '완실무병(完實無病)'이라고 해서 건강한 상태를 표시하는 용어를 사용하는데, 건강의 조건을 완실무병 조건이라 한다. 체질마다 완실무병의 조건은 각각 다르다. 태음인은 건강할 때 땀을 시원스럽게 흘리고, 태양인은 건강할 때 소변을 시원하게 보고, 소양인은 건강할 때 대변을 시원스럽게 보고, 소음인은 건강할 때 먹은 음식의 소화가 잘된다고 본다.

체질별로 조심해야 할 질병

태양인이 걸리기 쉬운 질병

태양인의 경우 소변이 잘 나오다가 어느 날 갑자기 잘 나오지 않으면 어딘가 이상한 것이다. 맵고 뜨거운 음식이나 지방질이 많은 음식을 먹는다면, 식도나 위장 부위에 병이 올 수 있다. 하체가 원래 허약하여 서 있거나 걷는 것을 싫어하는데, 그렇게 하체를 운동시키지 않고 그냥 내버려두면 하체에 병이 오기 쉽다.

태양인은 선천적으로 폐의 기능이 강하면서 간의 기능이 약하다. 태양인 중에서 완실무병한 사람은 소변보는 양이 많고, 소변이 잘 나오면 건강하다. 평소 소변이 잘 나오지만, 몸이 불편하면 소변보기가 불편해지고, 대변은 8~9일 동안 변비가 계속되면서 침이나 거품이 입속에 자주 고이게 된다. 이런 경우에는 반드시 치료를 받아야 한다. 태양인에게 위중한 병은 열격증(口噎膈症-음식이 식도에 걸려서 잘 넘어가지 않는 증상), 반위증(反胃症-자꾸 토하는 증상), 해역증(解㑊症-다리에 힘이 없어서 오래 걷지 못하는 증상)인데 태양인의 체질에 특이하게 잘 나타나는 병증이다. 이런 증세는 병이 커지기 전에는 잘 나타나지 않으므로 평소 건강한 사람처럼 보인다.

태양인은 대변이 순조롭게 나오는 것이 건강한 상태이다. 대변의 덩어리가 크고 양이 많으면 일단 건강하다고 보고, 소변도 양이 많고 자주 보면 건강하며, 얼굴빛은 희면 좋고 검으면 좋지 않다는 증거이다. 검은 빛은 간 기능이 악화되었음을 나타내기 때문이다.

건강한 태양인의 몸집은 말라야 좋고 살이 찌면 좋지 않다. 일반적으로 태양인 남성은 방광염에 쉽게 걸린다. 태양인 여성은 안면부종이나 안면근육무력증에 많이 걸린다. 남성과 여성 모두 우울증이나 신경쇠약, 간질환, 소화불량, 식도협착, 상기(上氣), 하지무력, 눈병 등에 걸리기 쉬우니 유의해야 한다.

태음인이 걸리기 쉬운 질병

태음인은 간의 기능이 좋고 폐, 심장, 대장, 피부의 기능이 약한 편이다. 태음인 중에서 완실무병한 사람은 땀구멍이 잘 통하여 땀이 시원하게 나온다. 이런 태음인 체질은 평소에 땀이 많아 조금만 몸을 움직여도 땀을 흘리는데, 땀을 빼고 나면 상쾌해진다. 태음인 중에서 건강이 좋지 않은 사람은 피부와 근육이 지나치게 단단하면서 땀이 잘 나오지 않게 된다. 땀이 잘 나오지 않으면 곧 다른 증상을 동반하여 병이 진행되므로 서둘러 치료해야 한다. 태음인은 호흡기와 순환기 기능이 약해 이에 관련된 심장병, 고혈압, 중풍, 기관지염, 천식 등에 걸리기 쉽다. 또 습진, 두드러기와 같은 피부질환이나 대장염, 치질, 우울증 등도 유의해야 할 질병으로 꼽힌다.

태음인은 식사를 많이 하는 것에 비해 활동이 적어 비만한 사람들이 많다. 그렇기 때문에 태음인 체질인 사람은 항상 부지런히 운동하고 적극적으로 행동해서 비만을 방지하고 변비를 막는 식습관을 길러야 한다.

태음인 체질 가운데 맥이 약하고 피부가 희고 겁이 많은 경우에는 도라지와 말린 밤을 달여서 오랫동안 먹으면 몸 상태가 좋아지고, 맥이 강하면서 피부가 까무잡잡한 경우에는 칡차를 먹으면 좋다.

태음인은 체중이 갑자기 줄거나 늘어났을 때 알레르기성 비염이 악화할 수 있으므로 체중관리에 주의를 기울여야 하고, 일부 약재 가운데 마황이 들어간 약은 한의사의 진맥을 받고 사용해야 하며, 아무에게나 투여했다가는 증상이 악화되는 경우도 있으므로 주의해야 한다.

소양인이 걸리기 쉬운 질병

소양인은 비위(체장과 위장)의 기능이 좋고 신장의 기능이 약하다. 소양인 중에서 완실무병한 사람은 대변을 잘 본다. 소양인은 평소엔 대변을 순조롭게 보지만, 몸이 불편하면 변비가 생기게 된다. 소양인은 하루라도 대변을 보지 못하면 이미 몸이 찌뿌드드해지는데 어떤 병이라도 대변을 보지 못하는 상태는 이미 가벼운 상태를 지나가고 있다고 봐야 한다. 소양인은 병의 진전이 빠르므로 대변이 통하지 않으면 다른 증상을 볼 것도 없이 즉시 치료책을 강구해야 한다. 소양인은 대변을 2~3일만 보지 못해도 가슴이 답답하고 고통스러워하고, 더 오랫동안 대변을 보지 못하면 피부에 염증이 생기면서 신경이 예민해지는 증세를 보인다.

소양인은 비위에 열이 많아서 음식을 조심하지 않는 관계로 위염이나 위궤양에 자주 걸리며, 신장과 방광기능이 약해서 방광이나 신장 등 배설기관에 질병이 오기 쉽다. 또 신장의 영향력에 속하는 허리와 다리가 약해서 척추나 관절 등에 이상이 생겨 요통으로 고생하는 수가 많다. 또 몸에 열이 많기 때문에 여름을 잘 타고, 체질에 맞지 않는 음식을 먹으면 피부에 발진이 돋는 경우가 종종 있다.

소양인은 병이 오는 것도 빠르고 치료되는 것도 빨라 급성화하기 쉬운 대신 낫기 시작하면 또한 빠르게 호전된다. 소양인은 화(火)와 열(熱)이 많아서 발생한 것이어서 피부에 변화가 잘 나타나고, 피부질환에 자주 걸린다. 몸이 나쁘거나 생리불순만 있어도 얼굴에 뾰루지나 여드름이 나오기도 한다. 그러므로 매운 음식을 주의해야 한다.

또한 소양인의 질병은 변화가 빠르므로 초기 병이라도 가볍게 생각하지 않아야 한다. 특히 두통이나 변비가 동반되면 유의해야 한다. 코피가 나고 침이나 가래에 피가 섞이면 일단 큰 병으로 보고 즉시 한의원으로 가야 한다. 또한 입안에 차가운 침이 자꾸 괴면 좋지 않은 증상이다. 소양인의 병을 치료하는 도중에 손바닥, 발바닥에 땀이 나면 병이 나을 가능성이 많은 것으로 간주해도 좋다.

소양인 체질은 맥이 약한 경우에 음기를 보강해 주면 좋아지는데 구기자차나 산딸기차를 마시면 도움이 된다. 맥이 강한 경우에는 속의 열을 내리면 증상이 좋아지는데 매운 음식을 피하고 물을 많이 마시고 녹차를 자주 마시면 3개월이 지나지 않아 많이 좋아진다.

소음인이 걸리기 쉬운 질병

소음인은 신장 기능이 좋고 비위 기능이 약하다. 소음인 중에서 완실무병한 사람은 선천적으로 비위의 기운이 약하게 태어났지만, 스스로의 섭생을 통해 비위가 제대로 움직여 음식소화가 잘되는 것이다. 소음인 체질인 경우 배가 고픈데도 불구하고 먹고 싶은 생각이 나지 않고, 음식을 먹어도 가슴이 그득하면 어딘가 문제가 있다는 표시이다. 또한 소음인이 자꾸 땀을 흘리면 이미 질병에 걸렸다는 징표이다. 소음인은 태음인과 달리 허한 땀이 나오면 병이 이미 진행 중이므로 서둘러 치료해야 한다.

소음인 가운데 설사가 멎지 않으면서 아랫배가 얼음장같이 차가운 경우에는 위중한 증상으로 봐야 한다. 소음인에게는 허약한 비위 때문에 생기는 병이 많다. 평생 위장병으로 고생하는 사람도 소음인 체질에게 많다. 그리고 다른 병이 있더라도 음식을 먹고 나서 소화만 잘되면 잘 낫게 되므로 크게 염려하지 않아도 된다.

소음인이 질병에 걸려 있더라도 좋은 증상이 2가지가 있는데, 하나는 인중(人中)에 땀이 나는 것이고 다른 하나는 물을 마시는 경우이다. 물을 마실 수 있다는 것은 비위에 양기(陽氣)가 회복되고 있다는 것을 뜻하기 때문이다. 한편 소음인 질병에 2가지 나쁜 증상이 있는데, 하나는 열이 나면서 땀을 흘리는 것이고 다른 하나는 맑은 물 같은 설사를 하는 것이다. 한의학에서는 소음인의 생리, 병리에 대해서 가장 많이 연구해 왔고 좋은 처방들이 많이 제시되어 있어서 치료가 용이한 편이다. 《동의보감》에 나오는 대부분의 처방은 소음인에게 잘 맞게 이루어져 있기 때문에 소음인은 기존의 처방만으로도 대부분의 병을 치료할 수 있다. 반면에 나머지 체질인 소양인, 태음인, 태양인의 질병은 사상의학 처방으로 치료하면 보다 효과적이다.

소음인 체질은 주로 기온변화에 민감하다. 따라서 항상 보온시키는 데 주의를 기울여야 하고, 땀이 나는 사람과 땀이 없는 사람으로 나누어서 치료해야 한다. 소음인 체질이면서 속이 답답하고 땀을 흘리는 사람은 인삼을 장기간 복용시키면 증상이 좋아지고, 땀이 나지 않으면서 가벼운 열이 항상 느껴지는 경우에는 차조기를 오랫동안 먹으면 증상이 좋아진다. 예전부터 차조기는 코가 막히거나 가벼운 열이 있을 때 사용해 왔던 채소이면서 한약재이다. 또 소음인 체질에는 물을 굳이 많이 마시게 할 필요가 없다.

이제까지 대부분의 사람들은 "물은 많이 마실수록 좋다"라는 통설에 따라 하루에 8잔의 물을 마셔야 하는 것으로 잘못 알고 있었다. 2002년 5월 23일자 월스트리트저널에서는 미국 네브라스카대학 영양학팀 및 다트무스대학 의과대학 연구결과를 인용해서 "지나치게 물을 많이 마시면 당뇨병 환자에게는 물중독을 일으키거나 발작, 사망에 이르게 할 수 있으며, 혈액의 나트륨 함량을 희석시키고, 세포를 부풀어 오르게 한다"면서 하루에 8잔의 물을 마시는 것은 대부분의 사람들에게 나쁘다고 말했다. 이런 연구는 이미 이전에도 여러 번 발표되었으며, 식욕이 약한 사람들은 특히 물을 많이 마시지 않는 것이 유리하다고 말했다. 따라서 소음인 체질인 경우에는 목이 마르지도 않는데 억지로 물을 많이 마실 필요는 없다.

체질 개선 처방

태양인 처방

 태양인 가운데 맥이 강한 사람은 대개 마른 체격을 갖고 있다. 그러나 병이 들거나 몸 상태가 건강하지 않으면 살이 찌기도 한다. 특히 생활이 불규칙적이거나 술을 많이 마실 때, 출산이나 유산 후에 몸조리를 제대로 하지 못했을 때 살이 많이 찐다. 이런 태양인들은 나이가 들면서 무척 아플 수가 있기 때문에 미리 다이어트를 하는 것이 좋다.

 태양인들의 건강증진에 도움이 되는 처방에는 오가피장척탕과 미후등식장탕이 있다. 이 처방들은 몸속의 기운을 굳게 하여 흡수하는 기능을 좋게 해 주면서 기운이 지나치게 많이 밖으로 배출되는 것을 막아준다.

태음인 처방

 태음인 치료의 주안점은 태음인 특유의 왕성한 식욕을 억제하고 뱃속의 허전함을 채워주는 데 있다. 이 때문에 태음인 처방을 주려하면 억지로 식욕을 참아야 하는 괴로움이 없어진다. 특히 기운의 순환을 좋게 하는 약재를 쓰면 건강해지면서 살이 저절로 빠지게 된다.

 태음인 환자에게 치료를 시작하면 먼저 몸이 가벼워지고 잠이 준다. 기운이 없어 틈만 나면 눕고 기대고 하던 사람이 몸이 가벼워지니 움직임이 활발해진다. 또한 움직이는 게 많아지니 에너지 소모가 늘어나고 그럴수록 더욱 몸이 가벼워지게 되는 것이다. 그리고 밤에 깊은 잠을 잘 수가 있어 낮에 졸리는 현상이 없어진다. 특히 몸이 무거워서 책상 앞에 앉기만 하면 졸던 학생들은 쾌적한 기분으로 공부하니 성적이 올라갈 수밖에 없는 것이다. 중년의 부인들은 피로가 사라지고 일할 의욕이 난다고 말한다.

두 번째로 위가 튼튼해진다. 살찐 사람의 대부분은 밥을 먹고 나면 속이 더부룩하고 트림을 자주한다. 마치 소나 양의 되새김질 같던 이런 증상이 없어지고 속이 편안해진다. 위가 튼튼해지면 음식욕심을 더 부리게 되겠거니 생각하기 쉬운데 실은 그 반대다. 음식 앞에서 자제력이 생기고 냉장고를 여닫는 횟수가 현저하게 줄어들게 된다.

세 번째로 과식을 하면 반드시 후회한다. 음식을 적게 먹으면 속이 편안한데 많이 먹으면 속이 부대끼는 것이다. 이런 후회가 많아질수록 점점 음식의 포로에서 탈출할 수가 있다. 심한 경우는 과식한 후에 설사를 하기도 한다.

네 번째로 몸이 붓지 않는다. 뚱뚱한 사람의 공통적인 증상이 피로하거나 많이 먹고 나서는 붓는데 이것이 사라진다. 이뇨제를 먹은 것처럼 편안하고 얼굴이 탄탄해 보인다. 기운 순환이 잘되면 부기는 저절로 사라진다.

소양인 처방

기운이 좋고 건강한 소양인 가운데 맥이 강한 사람은 뚱뚱해지지 않는다. 아무리 먹어도 살이 찌지 않는다는 사람들이 소양인이다. 그러나 이들도 몸의 상태가 나빠지면 살이 찐다. 평소에 많이 움직이다가 아프면 활동량이 줄어들 뿐더러 기운순환도 나빠지기 때문이다. 그래서 병원에 입원한 다음이나 수술 후에 특히 살이 찌는 경우가 많다.

여성의 경우 임신 중의 체중이 분만 후에도 그대로 자신의 몸무게가 될 때가 많다. 또 소양인 가운데 맥이 강한 사람은 성질이 나고 스트레스를 받으면 평소보다 많이 먹는 경향이 있으므로 마음을 안정시키는 것도 필요하다.

이와 같이 소양인 가운데 공부를 해야 하는 사람은 몸이 일단 건강해야 원하는 바를 얻을 수가 있다. 다이어트를 할 때도 감기나 몸살에 걸려서 움직임이 둔하다보면 도로 살이 붙기가 쉬우므로 얼른 건강부터 회복해야 한다.

소양인들의 치료는 창자를 맑게 하는 것을 위주로 하는데, 성질이 서늘해서 음기를 도와주는 것이 좋다. 한약이나 음식도 뜨겁게 데우면 양기를 보강해 주는 것이므로 주의해야 한다. 소양인에 좋은 처방으로는 양격산화탕, 형방지황탕, 독활지황탕이 있다.

소음인 처방

소음인들은 봄철이 되면 기운이 나른해지면서 밥맛이 떨어지는 경우가 많다. 이럴 때 보약을 먹는 것이 좋다. 보약이라고 하면 무조건 비싸다는 생각만 하는데 결코 그렇지가 않다. 값이 싸면서도 효과가 좋은 것이 얼마든지 있다.

또한 소음인 가운데 맥이 약한 사람은 몸이 차기 때문에 소화되기 어려운 음식이나 성질이 차가운 음식을 먹으면 배탈설사가 나게 된다. 그래서 무더운 여름철에 찬 빙과류나 참외, 수박을 먹은 다음 설사를 하거나 기운이 나른해지는 경우가 있다. 이럴 때 반드시 몸의 양기를 도와주는 약이나 음식을 먹여야 체력이 회복되고, 학업의 능률을 올릴 수가 있다.

소음인 가운데 맥이 약한 사람은 대개 너무 말라서 걱정이다. 살 좀 쪄

봤으면 하는 사람들은 대부분 소음인 체질이다. 그러나 이런 사람들도 몸이 아프거나 수술을 받고 난 뒤 기초대사량이 줄면서 살이 찌기도 한다. 특히 피임 수술을 받고 나이가 들면서 살이 찌는 경우가 많다. 이런 소음인들은 많이 먹고 나서 소화를 시키지 못해 소화제를 먹고 억지로 토하기까지 한다.

소음인들의 건강증진에 도움이 되는 처방으로는 향사양위탕, 곽향정기산, 십이미관중탕이 있다. 이것은 소음인의 찬 속을 데워주며 기운순환을 좋게 해 준다.

02
밥 안 먹는 아이

경제가 어려울 때는 현실이 답답하다고 느끼는 사람들이 더욱 많아진다. 이럴 때일수록 부모들은 좀더 경제적인 방법으로 가족들 건강도 지키고 아이들도 키울 수 있는 방법은 무엇인지 지혜를 모아야 할 때라고 생각한다. 사실 교육비도 교육비지만, 아이가 한번 아프면 치료비도 만만치 않다. 그리고 무엇보다 아이가 일년 내내 감기를 달고 산다거나 자주 아프게 되면, 엄마는 내가 뭘 잘못하고 있는 건 아닌지 자꾸 죄책감을 느끼게 된다.

엄마로서 가장 듣기 싫은 말 중에 하나가 바로 "어머 얘는 잘 안 먹는 애인가 보다"라는 말을 들을 때이다. 엄마 입장에서는 나름대로 잘 먹인다고 생각하고, 모유수유도 했는데 커 갈수록 먹는 게 동생보다도 못하면 속이 상하게 된다.

대체적으로 키에 비해 몸무게가 적게 나가거나 너무 마른 느낌이 들 때, 유치원 다니면서 아이들 중에 한명만 감기에 걸리면 바로 옮아올 때, 잔병치레가 많아서 얼굴색이 노랗게 변해 있을 때 엄마는 속이 상한다.

그런데 타고난 체질은 서로 다를 수 있고 그 약점을 보강하는 방법도 서로 다를 수 있다. 음기가 약한 아이는 음기를 보충해야 하고 양기가 약한 아이는 양기를 보충해야 한다. 아이는 계속해서 "나는 음기가 약해요!"라거나 "나는 양기가 약해요!"라고 신호를 보내는데, 수신기를 들고 있는 어머니는 그 신호를 몰라서 계속해서 "여보세요, 여보세요"라는 말만 되풀이하는 상황이라고 보면 된다. 그러면서 계속해서 대증요법으로 약만 먹이는데, 아이는 이미 그 상태가 아닌데도 엄마는 같은 방법을 반복하고 있다. 이럴 때는 다른 방법을 사용해야 한다.

체질에 맞는 식습관

가장 먼저 아이의 체질을 진단해 보고 그 체질에 맞는 생활방식과 음식 습관을 적용해야 한다. 체질을 진단할 때 우선 걷는 모습으로 짐작해 볼 수 있다. 태음인 아이들은 상당히 안정감 있는 자세와 걸음걸이를 보이는 데 비해 소음인 아이들은 얌전하게 걷고, 소양인 아이들은 좀 빠르게 걷는다거나 좀 뒤뚱거리기도 한다.

또 음식 먹는 습관도 차이가 나는데 태음인 아이들은 아무거나 비교적 잘 먹지만 소음인 아이들은 입맛이 적고 입이 짧은 편이고, 소양인 아이들은 입맛에 맞는 건 잘 먹고 잘 안 맞으면 안 먹는 편이다.

땀을 흘리는 양으로도 체질을 판별할 수 있다. 태음인 아이들은 땀의 양이 많은 편이고, 소양인 아이들은 잠잘 때 보면 머리카락이 흠뻑 젖도록 땀

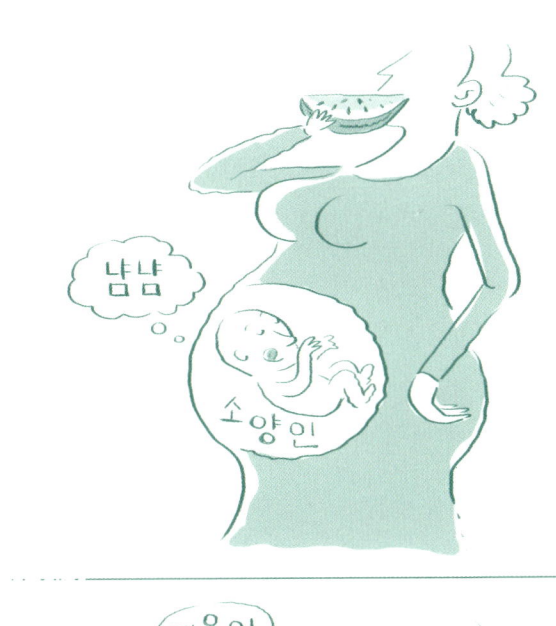

을 흘리는 경우가 많고, 소음인 아이들은 땀이 적다. 그 외에 대변을 보는 습관도 힌트가 될 수 있다. 태음인은 대변을 자주 보는 편이고, 소음인은 대변을 보는 횟수가 적은 대신 모양이 크고 단단할 수 있으며, 소양인들은 잘 참지 못하는 특성이 있다. 이런 특성을 살펴서 체질을 구분한 다음 체질에 따른 건강법을 참고해서 해결방법을 찾아야 한다.

소양인 아이가 밥맛이 없어 잘 먹지 않을 때는 해산물을 충분히 먹이는 것이 좋다. 소양인은 몸에 열과 화가 많아서 입안이 쓰기 때문에 물을 자주 마시며, 임신 중 입덧이 심할 때를 제외하곤 과일을 찾게 되는데 바로 소양인 아이가 좋아하는 음식이기 때문이다.

따라서 소양인 아이가 밥을 잘 먹지 않고 살이 찌지 않을 때는, 과일을 자주 먹이고 삼겹살이나 순대를 수시로 먹이면서 천천히 산책하는 생활습관을 들이면, 점차 체중이 늘어나고 감기에 걸리는 횟수도 줄어드는 것을 볼 수가 있다. 다만 홍삼이나 닭고기는 절대로 먹이지 않는 것이 신체건강과 심리안정에 도움이 된다.

태음인 아이는 가끔씩은 잘 먹지 않지만 기본적으로 살집이 좋고, 경우에 따라서는 갑자기 너무 먹어서 걱정이 되는 경우도 있다. 다만 일시적으로 어릴 때는 잘 먹지 않는 경우도 있는데, 이럴 때는 소고기에 무를 충분히 넣고 무국을 끓이거나 갈비찜을 해서 먹이고 당근, 호박, 가지, 버섯 등의 채소류를 적극적으로 먹이면 호흡기도 튼튼해지고, 살도 많이 찌지 않는 건강한 아이가 될 수 있다.

식습관이 중요한 소음인 아이

소음인은 소화기관이 약해서 음식을 많이 먹으면 잘 체하기 때문에 먹는 양이 적다. 그렇다 보니 다른 체질에 비해 체력이 약한 편이다. 특히 체질적으로 약한 소음인은 매사에 예민하고 주위 환경변화에 민감하다. 바람이 불어도, 눈비가 와도, 기온이 떨어져도 제일 먼저 반응한다. 감기가 한번 유행하면 한 번도 그냥 지나치지 않고 꼭 걸리고 만다. 보통 건강한 아이들은 눈이 오면 눈이 와서 즐겁고, 비가 오면 빗물에 젖더라도 물이 고인 곳에 걸어 들어가 철벅거리는 장난을 하는데, 약한 소음인은 항상 불만이다.

아이들은 호기심이 많고 기발한 상상력이 있기 때문에 어떤 불만이 있더라도 대안을 제시하는 편인데 몸이 약하고, 맥 에너지가 낮은 아이들은 대안 없이 부정적으로 반응한다. 소음인 아이가 반응하는 방식은 항상 집안에서 표현되고, 집밖에 나가면 불평불만이 전혀 없게 된다. 불만이 없는 게 아닌데도 집밖에 나가면 표현을 하지 않는다. 또한 입이 까다로워서 한번 나온 반찬이 다시 식탁에 나오면 젓가락을 대지 않는 경우도 다반사다.

이런 소음인 아이에겐 약간 짭짤한 음식을 기본반찬으로 하고 차가운 음료수를 제한하는 것이 좋고, 일주일에 한 번씩은 양념이 된 치킨을 먹이면 좋은 효과가 나타날 수 있다. 2010년 11월 네덜란드 로테르담 에라스무스 의학센터 연구팀은 55세 이상 5천 200명을 6년 동안 연구한 결과 이들 중 약 8%가 저나트륨혈증 환자라는 사실을 밝혀냈다. 저나트륨혈증에 걸리면 혈액 속의 나트륨이 부족해서 간경변증, 울혈성 심부전증, 수분의 과잉 상태가 나타나게 되는데, 이런 사람들은 척추, 엉덩이뼈 등에서 골다공증 위험이 61%나 될 정도로 높아져서 정상적인 사람의 39%보다 높았다. 또 6년 동안 관찰한 결과 저나트륨혈증에 걸린 사람의 21%가 사망했다고 한다. 하지만 아직도 소금 농도와 골다공증의 상관관계는 아직 명확하지 않다.

다만 식욕이 좋아지지 않으면 식욕을 좋게 하는 한약을 수시로 먹이는 것도 좋다. 소음인 아이는 또한 음식을 한꺼번에 많이 먹지 않고, 식욕이 좋은 상태라고 하더라도 빨리 음식을 삼키지 않는다. 이럴 때는 음식을 해 놓고 이곳저곳에 놓아두면 가다 오면서 한 번씩 집어먹게 된다. 할아버지 할머니가 집안에 계시면 이런 방식이 나쁜 버릇이 된다면서 싫어하겠지만 소음인 아이의 특성이란 점을 양해시키면 점차 살이 붙고, 체력이 강해지게 되는 것을 볼 수 있게 된다.

또 소음인은 어른이나 아이 구분 없이 근력을 강화해야 된다. 소음인은 근육이 부드럽고, 근육량이 적어서 걸을 때 보면 흐느적거릴 수 있고, 등 근육이 적어서 구부정하게 보일 수 있는데, 살이 없어서 말라 보이는 소음인 아이의 특징에 해당된다.

따라서 근육량을 늘리기 위해 복근과 팔운동을 적극적으로 해 주면 한결 더 튼튼해질 수 있다. 소음인 체질의 아이에게는 순수 한국식 음식 조리법이 약이 된다. 음료수는 식혜가 좋고, 채소 요리는 푹 삶거나 끓이는 방식으로, 과일은 최소한으로 복용하고, 육류는 스테이크보다 찜으로, 밥은 따끈한 상태에서 다만 좀 짭짤하고 매콤하게 간을 맞추고, 음식 섭취는 천천히 해야 하고, 밥 먹을 때는 대화를 많이 해야 흡수가 잘된다.

03
감기를 달고 사는 아이

감기에 걸리면 몸이 힘들지만 감기에 잘 걸리는 사람은 암에 걸릴 확률이 낮다는 연구결과도 있다. 독일 괴팅겐 대학 클라우스 쾰멜 교수팀이 603명의 피부암 환자와 526명의 건강한 사람을 비교 분석한 결과, 과거에 감기를 자주 앓았던 사람들은 암에 걸리는 확률이 건강해서 감기에 자주 걸리지 않는 사람들보다 훨씬 낮은 것으로 나타났다. 인체의 항체와 킬러세포가 바이러스나 박테리아와 싸우는 과정에서 면역체계가 강화되기 때문에 암처럼 오랫동안 몸의 정상세포를 속이면서 하나의 강력한 집단을 형성하는 조직체계를 견제할 수 있다는 점에서 감기는 인간의 건강을 위한 필요악적인 존재이기도 하다.

사상의학에서는 동일한 외부환경의 자극이더라도 각 체질에 따라 감기가 발생되는 기전이 다르다고 보기 때문에 체질에 맞춰 관리하는 것이 좋다.

체질별 감기 관리

태양인

태양인은 영웅심이 많고 저돌적이며 창의적이다. 기본적으로 폐기능이 강하기 때문에 감기에 가장 고생을 덜하는 체질이기도 하다. 그러나 자신의 몸을 믿고 무리를 하게 되면 급격하게 열이 뜨는 경우가 있으며 큰 병에 걸릴 수도 있으니 조심해야 한다.

음식은 담백하고 서늘하며 지방이 적은 것이 좋다. 가래를 없애고 기침을 그치게 하는 모과차를 마시면 초기 감기를 몰아낼 수 있다.

태음인

태음인은 성격이 느긋하고 참을성이 많으며 성취력이 강한 편이다. 또한 비만체질이 많고 폐기능이 약한 경우가 많아 호흡기질환에 걸리는 경우가 많다. 그래도 기본적으로 체력이 좋은 편이어서 젊었을 때는 감기를 잘 이겨내는 편이나 나이가 들어 체력이 약해지면서 감기로 고생하는 경우가 많아지게 된다. 체력이 약해지게 되면 몸에 있는 노폐물을 배출할 힘이 부족하여 자꾸 쌓이게 되고 이것이 열을 발생시켜 폐와 기관지가 건조해지고 호흡기가 약하게 된다. 이런 상태에서 갑자기 찬바람을 맞게 되면 바로 감기에 걸리거나 알레르기 증세가 발생하게 된다.

따라서 평소에 꾸준히 유산소운동을 하고 목욕이나 사우나를 자주하여 피부가 촉촉해질 정도로 땀을 내주는 것이 좋다. 특히 움직이기 싫어하는 태음인의 특성상 환절기에 방안에 웅크려 있으면 외부 저항력이 약해지기 때문에 의식적으로라도 바깥으로 나가 운동을 해 주는 것이 좋다.

태음인은 일단 과식은 금물이며 고단백 저칼로리 식단을 구성해 주는 것이 좋다. 칡차나 맥문동차를 먹으면 폐와 기관지의 열을 내리고 튼튼하게 해 주며 잣, 호두, 밤 등의 견과류를 같이 먹으면 좋다.

소양인

소양인은 성격이 급하고 직선적이며 활달하고 추진력이 좋다. 그러나 내실(內實)을 다지지 못하는 경우가 많아 에너지가 몸밖으로 나가려고 하여 열감을 느끼는 경우가 많고 대게 이것이 병의 원인이 된다.

또한 소음인보다는 체력이 강한 편이나 성격상 손에서 일을 놓지 못하여 과로를 하는 경우가 많아 체력이 약해져 열이 몸의 윗부분으로 오르게 된다. 이렇게 열이 뜬 상태에서 찬바람을 맞게 되면 감기가 오는 경우가 많은데, 위로 상승한 열이 상기도 부위에 염증을 일으켜서 편도선염이나 인후통을 많이 호소하게 된다. 따라서 감기를 예방하기 위해서 의식적으로 휴식을 취해 주고 명상이나 단전호흡을 통해 마음을 안정시키고 에너지를 아래쪽으로 끌어내리는 것이 중요하다.

음식은 포도, 참외, 딸기 같은 신선한 과일과 배추, 상추, 시금치 등의 나물 그리고 역, 다시마 등의 해조류를 골고루 먹는 것이 좋다. 녹차, 구기자차, 산수유차를 마시게 되면 머리와 가슴을 시원하게 풀어주고 열을 내리기 때문에 감기예방에 효과적이다.

소음인

소음인은 꼼꼼하고 내성적이며 모든 일에 정확한 편이지만 체력이 부족하고 소화기능이 약하기 때문에 급격한 외부환경변화에 대한 적응이 가장 힘든 체질이다.

따라서 소음인은 몸이 차고 추위를 많이 타게 되며 환절기에 조금만 무리를 해도 감기에 드는 경우가 많은데, 특히 한 번 감기에 걸리면 감기가 떨어질 것 같으면서도 안 떨어지고 길게 지속되는 경우가 많다. 평소에 몸 관리를 잘하여 건강을 유지하고 있다면 크게 문제가 되지 않지만 과로를 하거나 스트레스를 많이 받아 체력이 떨어져 있는 경우라면 환절기만이라도 과로를 피하고 휴식을 많이 취하는 것이 건강유지의 지름길이다.

소음인은 몸이 차가운 상태에서 찬 기운을 맞게 되면 땀이 나지는 않는데, 열이 나고 추우면서 살짝 부는 바람에도 오싹오싹한 증세가 나타나게 된다. 또한 날씨가 추워지고 건조해지면 알레르기비염이 생기거나 피부의 가려움증이 생기는 경우도 많다.

음식은 따뜻하고 열량이 높은 음식을 먹어야 체온을 유지할 수 있는데, 삼계탕에 계피나 육계를 넣어서 먹으면 양기(陽氣)를 보(補)해 주고 몸을 따뜻하게 해서 감기를 예방하는 데 큰 도움을 준다. 또는 생강 10g, 대추 3~5개, 흰 파뿌리 2~3뿌리를 넣어 달인 생강대추차를 복용하거나 인삼, 계피, 꿀을 기호에 맞춰 같이 달여 먹어도 체력유지에 큰 도움이 된다.

어릴수록 잘 다스려야 하는 감기

 어른들에게 감기는 그렇게 대단한 병이 아니지만, 아이들에게 감기는 합병증도 쉽게 오고 참 만만치 않은 질병이다. 사상체질을 전공한 입장에서 봤을 때 감기에 자주 걸리는 아이들은 한마디로 말해서 체질적으로 약한 점이 남아 있는 상태에서 체질에 맞는 섭생을 제대로 하지 못한 것이 가장 큰 이유라고 본다.

 감기는 몸살과 구분해서 살펴야 한다. 몸살은 아직 기침이나 인후통, 가래가 없는 상태에서 아이가 지쳐 보이고, 의욕이 떨어져 있거나 몸이 뜨거운 상태, 온몸의 관절이 아픈 상태를 말한다. 감기는 몸살 단계를 지나 코, 인후부 등 상기도에 급성적으로 염증이 발생한 상태이다. 이에 비해서 몸살은 아직 염증은 없고 몸에 이상반응이 온 상태이다. 이럴 때는 아이에게 맞는 음식이나 체질에 맞는 한약을 1포 먹이고, 1~2시간이라도 푹 재우도록 해야 한다. 예를 들어 캠프를 다녀오거나 운동량이 평소보다 지나쳤다 싶은 경우에는 아이의 몸 상태를 보강할 수 있는 음식이나 약을 먹이고 휴식을 취하도록 하면 감기 없이 보낼 수 있다.

 8세 수진이는 일년 내내 감기를 달고 살아 엄마의 걱정이 이만저만이 아니었다. 편식이 심하고 밥을 잘 안 먹는 수진이는 두 살 밑의 동생을 자주 괴롭혔다. 기분이 나쁘면 수진이는 동생의 스티커에 욕심을 부리고, 자기 맘대로 되지 않으면 심통을 냈다. 이런 상황에서 엄마가 어린 동생의 편을 들어주면 수진이는 가위로 동생 책을 잘라 버리기도 했다. 그러면 엄마는 수진이를 꾸짖고, 수진이는 하루 종일 삐쳐 있게 되었다.

한 달 중에 3주를 감기약을 먹는다는 수진이는 그야말로 감기를 달고 살았다. 동생은 언니인 수진이보다는 좀 낫지만 자매가 한 공간에서 지내는 시간이 많아서 그런지 동생도 감기에 자주 걸리는 편이었다. 수진이는 감기 합병증으로 입원도 밥 먹듯이 했다. 한번은 두통이 심하다고 팔짝팔짝 뛰어서 병원에 데려갔더니 축농증 진단을 받았다. 이렇게 늘 몸이 힘들다 보니 성격도 더 신경질적으로 변했다. 올해에는 초등학교에 들어갔는데 담임 선생님으로부터 집중력이 떨어지고 산만하다는 말까지 들었다. 공부를 잘하는 아이로 기르기 어려울 것 같아 더 걱정이 많은 상황이었다.

　그런데 수진이 엄마는 너무 동생만 예뻐하는 게 아닌가 할 정도로 두 아이를 대하는 태도에서 차이가 있었다. 살짝 편애하는 느낌도 들었다. 사실 수진이 엄마도 늘 그러지 말아야지 하는데도 막상 수진이의 행동을 보면 '도대체 왜 저렇게 마음이 좁을까?', '왜 저렇게 꽁하고 신경질적일까?' 하고, 이해가 안 되고 화가 날 때가 많았다. 하지만 동생은 생김새도 엄마를 많이 닮았고 성격도 비슷해서 하는 행동들이 비교적 이해가 잘되었다. 게다가 아직 어리니까 언니가 동생에게 더 많이 양보하고 베풀고 그래야 한다고 엄마는 생각했다.

　수진이는 소음인 체질이었는데 맥의 에너지가 너무 약했다. 보통 아이들의 정상 맥은 약 85~90을 유지해야 하는데, 수진이의 맥은 80도 안 되었다. 또 음성분석을 해 본 결과 음성의 기본주파수는 한창 성장기에 접어들었는데도 음성은 부드럽고 약하며, 궁상각치우 5음 가운데 우성을 많이 사용하고 있었다. 이런 아이들은 기분이 좋을 때나 집안에 있을 때는 굉장히 말을 많이 하고, 활발하게 보일 수 있다. 수진이의 피부 전도 상태도 많이 떨어져 있었는데, 이런 경우에는 짜증이 많고 신경질을 많이 부리게 된다. 누구에게 부리냐 하면 만만하게 보이는 엄마와 동생에게 그 방향을 돌리게 된다.

그렇기 때문에 수진이가 감기를 달고 사는 이유도 타고난 체질과 관계가 있다고 볼 수 있다. 이런 애들은 대개 보면 충분히 먹지 못하기 때문에 환경변화에 상당히 민감하고, 또 감기에 걸리면 밥맛이 더 떨어진다.

대부분의 아이들은 감기에 걸려도 잘 먹는 데 비해 소음인 아이는 감기에 걸리면 특히 밥맛이 떨어지는 특성이 있다. 그리고 평소에 감기에 자주 걸리는 건 호흡기가 약한 것도 있지만 후천적으로 소화기관이 약해서 오는 경우도 많다. 이런 소음인 아이들에게는 소화에 도움이 되고 기운을 보충할 수 있는 음식들을 먹이면 감기 걸리는 횟수가 점차 줄어들게 된다. 다행히 우리나라 음식의 대부분이 소음인 체질에게 도움이 된다. 차가운 음식도 오랫동안 열을 가하면 그 본성이 약해지기 때문에 소음인 체질에게 큰 해가 되지 않는다.

아이가 몸이 약한 소음인 체질이라면 항상 따뜻한 음식을 먹여야 한다. 그리고 복숭아를 제외한 모든 과일은 성질이 차기 때문에 많이 먹이지 말아야 한다. 또 야채는 마늘, 생강, 고추로 양념을 해서 먹거나 살짝 데쳐서 찬 성질을 없애고 반찬으로 먹는 것이 좋다.

04 잠 안 자는 아이

　100만 명을 대상으로 연구한 결과 사망률이 가장 낮은 사람들은 하루에 7시간 잠을 잤고, 7시간보다 1시간 적게 자거나 많이 자는 사람은 사망률이 10~15%씩 증가했다. 잠을 하루 6시간 미만으로 적게 자는 사람은 고혈압이 2배 이상 걸리고, 심장의 관상동맥질환도 하루 7시간 자는 사람에 비해 6시간 이하로 자는 사람이 1.3배 더 걸리는 것으로 나타났다.
　잠은 바쁘게 살아가는 사람들에게는 귀찮은 것이지만 의외로 좋은 기능도 많이 한다. 잠자는 동안에는 낮에 만들어진 피로물질을 없애주고, 떨어진 에너지를 보충해 주며, 균형이 어그러진 신체와 뇌의 기능을 정상적으로 만들어준다. 또한 잠자는 동안에는 마음의 고통도 많이 줄어든다. 생존을 위해 견뎌야 하는 각종 스트레스 상황이 잠자는 동안에는 꿈이라는 수단을 통해 대부분 해소되고, 성장기의 어린이들은 성장호르몬이 분비되면서 서서히 자라게 된다. 따라서 잠은 없어서는 안될 중요한 요소이고, 몸과 마음의 상처를 보듬어 주는 수호천사와 같은 역할을 한다.

잠자는 양은 개인과 체질에 따라 다르다. 전체 인구의 4%는 하루 5시간 이내로 잠을 자도 일상생활에 아무런 문제가 없는 사람이고, 23%는 하루에 10시간 이상 잠을 자는 사람이다. 하지만 대부분의 사람들은 하루에 7~8시간 잠을 자는 것이 좋고, 청소년은 하루에 8~9시간, 초등학생은 9~11시간을 자야 건강하다.

2002년 미국 수면학회의 보고에 따르면 미국 국민의 20% 이상이 하루 6시간도 자지 못한다고 한다. 그 결과 미국인은 세상에서 가장 높은 정신적 스트레스에 시달린다고도 하는데, 한국의 학생들은 6시간은 고사하고 5시간도 자지 못하는 학생이 부지기수이니 얼마나 힘들겠는가?

사람이 깨어 있을 때는 근육의 긴장도를 높이기 위하여 교감신경계가 활성화되는데 비해, 깊은 잠을 잘 때는 교감신경계의 활성이 억제되고 부교감신경계의 활성이 높아진다. 그 결과 심장박동이 늦어지고, 혈압은 낮아지며, 피부혈관은 늘어나면서 근육이 느슨해지는데 신체의 기초대사율도 10~30%까지 떨어진다.

사람이 잠들었을 때는 뇌파에도 변화도 오는데 뇌파는 저주파인 알파파가 대세를 이룬다. 그 결과 깊은 잠을 자고 나면 몸과 마음이 평온해지고 기분이 좋아지게 된다.

우리나라 국민의 1/4정도가 불면증에 시달린다고 하며, 그 중에서 9% 정도는 만성 불면증 때문에 고생하고 있다. 개인마다 필요로 하는 잠의 양이 모두 다르다. 하지만 대체적으로 자려고 누웠는데 15분 이상 지나도 잠이 들지 못하거나 하루 8시간 이상 잠을 자도 피곤하고 정신이 멍한 경우, 또 하룻밤에 4~5번 이상 소변을 보는 사람은 불면증이라고 생각하면 된다. 불면증에 걸려 본 사람들은 그 고통 때문에 사회생활이 힘들다.

한방에서 보았을 때 소양인의 불면증은 일에 대한 몰두나 가슴속에 화나 열이 쌓여서 나타나기 때문에 불면증에 걸린 소양인은 목구멍이 마르거나 입이 쓰고 변비가 생긴다. 태음인의 불면증은 지나친 생각과 걱정이 많아서 나타나는데 평소 가슴이 두근거리고, 눈이 잘 충혈되고, 때로는 눈자위가 아프곤 한다. 소음인 체질의 불면증은 몸이 지나치게 차거나 소화력이 약하기 때문에 불면증에 시달린다.

성격이 예민하거나 섬세한 사람들은 걱정이 많으면 불면증에 걸리기 쉽다. 몸은 피곤하고 지치는데 아무리 잠을 자려고 노력해도 잠이 잘 오지 않는다. 소음인의 경우 스트레스와 걱정이 많으면 불면증에 시달릴 수 있다.

대부분의 사람들은 자시(子時)가 시작되는 11시부터 잠자리에 드는 것이 가장 좋다. 이때가 음기가 가장 왕성한 시간대이기 때문에 깊은 잠을 이룰 수가 있고, 낮에 소모된 음기를 보충할 수 있으며, 피로물질을 배설하고 새로운 기운을 보충하는 데 가장 효과적인 시간대라고 본다. 다만 체질과 몸 상태에 따라 잠자는 시간대를 조절하는 것은 몸에 나쁘지만은 않다.

불면증이 있을 때는 병원에서 치료를 받는 방법도 있겠지만 음식으로도 어느 정도는 치료가 가능하다. 몸의 원기가 약한 사람이 호두죽을 먹으면 잠이 잘 오고, 또 몸에 열이 많고 피부가 검은 사람은 칡즙이나 칡차를 마시면 좋다. 또 산조인이라고 해서 멧대추의 씨 속에 있는 알맹이를 말린 것이 있는데 한방에서 수면제 대용으로 사용하기도 한다. 산조인을 볶아서 먹으면 불면증과 정신 불안이 안정된다. 일반적으로 잘 알고 있는 상추는 성질이 서늘해서 가슴속에 화가 많은 사람이 먹으면 편안하게 잠을 이룰 수 있지만 몸이 찬 사람이 상추를 먹으면 설사를 할 수도 있다. 무슨 음식이든 자신의 체질을 알고 먹어야 좋다.

불면증이 있는 경우에는 잠자기 전에 피해야 할 음식이 있는데, 바로 커피나 차를 6시 이후에 마시면 잠이 오지 않고, 지나치게 밥을 많이 먹으면 속이 불편해서 잠을 깊이 자기 못한다. 불면증 해소에 좋은 지압법도 있다. 먼저 옆으로 누워서 머리 밑에 손을 받치고, 아래쪽에 깔린 다리를 구부린 채 천천히 숨을 쉰다. 정신을 코끝에 두고 호흡수를 세고 다른 생각이 들지 않도록 해야 한다. 두 번째는 귀 뒤쪽 툭 튀어나온 둥근 뼈 근처를 눌러서 아픈 곳이 안면혈인데, 수시로 안면혈을 눌러 주면 효과가 만점이다.

생활 습관으로도 불면증을 해소할 수 있다. 잠자기 전에 따뜻한 물로 샤워를 하면 뇌의 긴장도가 풀려서 잠자기 쉽고, 간단한 스트레칭을 하는 것도 불면증 해소에 좋다. 방안의 온도는 따뜻하게 유지하고 외부의 빛이 들어오지 않게 커튼을 치고 소음이 나지 않도록 시계, 가전제품의 전원을 끄는 것도 도움이 된다.

체질에 따라 다른 잠의 습관

일반적으로 성인은 하루에 7~8시간, 신생아는 16시간 정도 수면을 취하는 것이 건강에 좋은데, 태음인 체질을 타고난 사람은 잠을 잘 자고 잠자는 시간도 많은 편이며, 체질에 관계없이 맥이 약하고 느린 사람은 잠을 많이 자고 또 게으른 편이다. 따라서 잠이 많고 맥이 느리거나 약한 사람은 맥이 활발하게 뛰도록 만들어주고, 또 빨리 뛰도록 만들어주면 잠은 줄어들게 된다. 그래서 대부분의 태음인들은 피로하거나 졸릴 때면 커피나 녹차를 많이 마시게 되는데 상당한 효과가 있다. 또 소음인 체질의 경우 맥이 약하거나 느린 사람인 경우에는 인삼, 생강, 마늘, 꿀을 먹게 되면 맥을 강하게 하기 때문에 잠이 많아서 고민인 사람들에게 도움이 된다. 태음인 체질의 경우 맥이 약하거나 느린 경우에는 말린 밤과 율무를 함께 섞어서 달여 마시거나 차로 마시면 효과가 있다.

잠잘 때의 자세도 상당히 중요하다. 사람들은 대부분 수면 상태에서 자세를 자주 바꾸게 되는데 잠자는 자세로 건강 상태를 알 수도 있다. 《논어》에서 공자는 큰 대자로 누워 자지 말라고 말했고, 태국의 방콕에 있는 '와트 포'라는 사원의 열반불도 두 발을 옆으로 포개고 옆으로 누워 있다. 동양에서는 이런 자세를 건강에 좋은 기본자세로 보았다.

몸이 차고 양기가 부족한 사람이나 걱정이 많은 사람은 웅크린 채 잠을 자는 경우가 많다. 또한 깊은 잠을 이루지 못하는 경우에는 자세를 바꾸지 않고 한가지 자세로 잠을 자게 되는데 목이 아프게 되는 주된 이유가 되기도 하며, 애정이 결핍된 사람도 이런 수면자세를 취하는 경우가 많다.

학동기의 아이들 중에는 잠자는 중에 일어나 걸어 다니는 몽유병 증세를 보이는 경우도 있는데, 뇌의 각성이 완전하지 않은 상태에서 꿈과 현실이 동시에 일어나기 때문에 나타나는 현상이다. 따라서 이런 모든 경우는 그 아이의 체질적 특성과 몸 상태를 잘 살펴서 치료해야 한다.

어떤 아이들은 답답하다며 속옷만 입고 자거나 이불을 덮지 못하고 잠을 자는 아이들도 있는데, 상당수는 알레르기성 피부염이나 아토피성 피부염이 있어서 그렇기도 하다. 하지만 알레르기나 아토피성 피부염이 없는데도 불구하고 이불을 덮으면 답답함을 느껴서 견디지 못하는 경우도 있는데, 이런 아이들은 잠을 잘 때 조용히 한 곳에서 잠들지 못하고, 위아래 쪽으로 옮아가면서 잠을 자거나 자꾸 몸을 뒤척인다. 그렇다고 이렇게 잠자는 아이들의 건강에 문제가 있는 것은 아니다. 성장기의 아이들은 기초대사율이 높고, 몸에 양기가 넘치는 대신 음기가 부족해서 낮에 있었던 일들이 연속적으로 꿈으로 전개되어 나타나는 경우도 많다.

따라서 이런 아이들에게는 보약보다는 몸의 음기와 양기의 균형을 조절해 주는 것이 우선적으로 해결해야 할 과제라고 본다.

잠을 잘 자야 성적이 오른다

잠을 적게 자면서 공부하는 아이는 집중력이 떨어지고 학습 내용을 기억하는 데 많은 에너지가 들어가게 된다. 우리의 뇌는 충분한 휴식을 취한 상태에서는 사소한 변화나 작은 사건도 기억할 수 있지만 잠이 부족하면 강한 충격을 받아야만 관심을 갖고 기억으로 남긴다.

잠은 성장기에는 많지만 나이가 들수록 점점 줄어들게 되는데, 수면의 질도 어릴수록 좋고 늙을수록 점점 나빠지게 된다. 잠에도 단계가 있어서 1단계부터 4단계 수면으로 나눌 수가 있다. 뇌파가 빠를 때가 얕은 수면 단계이고, 뇌파가 느려질 때가 깊은 수면의 단계이다. 어릴 때는 3~4단계의 수면상태를 유지할 때가 많다. 그래서 누구나 어릴 때는 분명히 다른 방에서 잠을 잤는데 아침에 일어나 보니 자기 방에 눕혀져 있는 것을 발견할 때가 종종 있었을 것이다. 또 꿈에서 누군가에게 도망을 가려고 해도 발이 떨어지지 않아서 무척 난처했던 기억이 있는데, 바로 이때가 깊은 수면 단계에 있었다는 것을 알려주는 정보이다.

하지만 나이가 들어 잠들기도 어렵고, 또 중간에 자꾸 잠을 깨는 상황이 많을 때는 신경안정제를 복용하게 되는데, 이런 경우에는 얕은 잠을 자게 되고 아침에 일어나도 항상 졸린 상태가 유지되기 때문에 좋은 수면이 될 수 없다. 그리고 신경안정제는 복용 시간이 4주 이상 길어질 때 투여 용량이 점차 증가하게 되므로 사용에 주의해야 한다.

학생 때는 새롭고 다양한 자극을 받기 때문에 매일매일 새로운 기억들이 저장되는데, 잠의 질이 좋지 않거나 부족하게 되면 상당히 높은 충격이 가해져야만 기억의 창고에 들어갈 수 있게 된다. 또 맥이 약하거나 몸이 찬 사람은 잠들기도 어렵지만 중간에 깨기도 한다. 그러므로 어릴 때는 어느 정도의 운동을 해야 육체적으로 건강해지는 것은 물론이고 정신적으로도 열정이 생기게 된다.

체질적으로 봤을 때는 소음인 아이들은 사소한 긴장으로도 잠을 잘 이루지 못할 때가 많고, 태음인 아이들은 체력이 떨어지면 잠이 너무 많아서 책상에 앉기만 해도 어느새 잠에 빠지는 경우가 많다. 이런 상황에서 어머니가 총명탕을 처방받아 먹이게 되면 소음인 아이는 어느 정도 잠을 잘 수 있지만 태음인 아이는 더 잠이 많아질 수도 있다. 따라서 인터넷 검색을 통해서 제공되는 정보에 따라 음식이나 어떤 처방을 먹이려는 시도는 하지 말아야 한다.

체력이 좋아야 잠을 잘 잔다

잠을 자는 데도 체력이 관련되어 있다. 몸이 건강할 때는 아무 곳에서나 잠을 이룰 수 있지만 어딘가 아프거나 나이가 들면 잠자는 것이 예삿일이 아니다. 그래서 어떤 사람은 여행을 갈 때 베개를 가지고 가는 경우도 있고, 출장을 갔다가 늦은 밤인데도 불구하고 자기 집으로 굳이 돌아와서 잠을 자는 성인들도 있다.

숙면을 취하는 데 도움이 되는 방법은 체질마다 약간씩 다를 수 있다. 태음인은 따뜻한 물에 목욕을 하고 잠을 자는 것이 좋고, 소양인은 배가 고프면 잠이 안 오기 때문에 간단한 간식을 먹으면 좋으며, 소음인은 약간 배가 고픈 상태에서 잠드는 것이 숙면에 도움이 된다. 혹시 수면 장애에 시달린 경험이 있는 사람들은 너무 무리해서 잠자는 시간을 줄이기보다는 집중력을 높이고, 충분한 수면을 취하면서 공부를 하는 것이 성장발육은 물론이고, 건강에도 도움이 되기 때문에 나중에 더 긍정적인 삶을 살 수가 있다.

또 초등학교에 들어가기 전후의 아이들 중에는 잠자는 중에 자기도 모르는 사이에 이를 뽀득뽀득 가는 경우가 있는데, 이는 가슴에 화가 많아서 그렇다. 또 어떤 사람은 항상 엎드린 채 잠이 들고 다리를 올리거나 발을 꼼지락거리고, 자꾸 움직이게 된다. 잠잘 때 일시적으로 엎드리는 것은 크게 나쁘지 않은데 계속 이런 자세를 유지하면 척추의 변형을 일으키고, 뒷목과 어깨의 혈액순환에 장애를 일으키기 때문에 좋지 않은 습관이므로 빨리 고치는 것이 좋다.

또 가슴 위에 손을 얹고 잠자는 아이들이 있는데, 이런 경우 심장이 약해서 커다란 소리에 민감하기 때문에 이런 자세를 취한다. 또 갓난아이들 중에는 소리나 빛에 민감해서 작은 자극에도 불구하고 깜짝깜짝 놀라면서 손과 발을 버둥거리는 경우가 있는데, 이런 아이들을 키울 때는 엎드려서 잠을 재우면 놀라는 증상을 완화할 수 있다. 하지만 요가 너무 푹신하면 숨을 쉬지 못해 사망하는 일도 발생하므로 주의해야 한다.

또 코를 심하게 고는 경우는 몸에 열이 많거나 과도한 체중이 영향을 미치기도 한다. 이럴 때에는 매운 음식을 피하고 채식을 많이 먹으면, 변비와 갈증을 없애는 데도 도움이 되고, 체중을 줄이면서 코골이 증상을 완화하는 효과도 있다.

05
땀 많은 아이

땀은 양기의 발현으로 적절한 땀은 건강한 신체에 나타나는 정상적인 현상으로 보고 있다. 그런데도 땀이 많으면 몸이 허약한 것으로 보고, 몸을 보강하기 위해 보약을 원하는 경우도 있다. 이런 사람들에게 땀에 대해 설명하다보면 우리나라 사람들은 땀을 흘리는 것에 대해 상당한 부담감을 가지고 있다는 사실을 발견할 수 있다.

사상의학에서는 발한의 정도를 각 체질별로 다르게 보고 있다. 하지만 땀이 지나치게 많이 나거나 전혀 땀이 나지 않는 경우에는 열기가 지나치게 상승하여 음기가 부족하거나 양기가 많이 부족한 것으로 판단한다.

체질별 땀 치료

　태양인은 땀이 많이 나서 고생하는 경우는 많지 않다. 다만 행동이 급하거나 마음이 조급해진 상태에서는 땀을 흘리게 되는데 시원한 음기를 보충하기 위해서 해산물과 채소류를 많이 먹기만 해도 과도한 땀은 정상화되기 때문에 특별한 약물을 투여할 필요도 없다. 다만 충분한 수분섭취가 필요하다.

　먼저 태음인인 경우에는 땀이 시원하게 나는 것을 정상적인 상태로 보고 있고, 기혈의 순환이 떨어지면 땀이 없거나 적어서 추위를 타게 된다. 이런 사람은 기운소통을 위해 갈근이나 마황이 들어간 약을 처방한다.

　소양인은 원래 땀이 많지 않은 편에 속한다. 다만 음기의 부족이 심한 경우에는 잠을 자는 동안에 온 몸이 젖을 수가 있고, 성장기 어린이들 중에는 잠이 들면 이마나 머리에 땀을 많이 흘리게 되는데 음기의 부족 때문인 것으로 본다. 잠자는 중에 다리나 사타구니에 식은땀을 많이 흘리는 소양인은 음기의 보충을 위해 숙지황, 생지황, 석고 등의 약재를 투여한다.

　소음인인 경우에는 원래 땀이 적은 편에 속한다. 기운이 약한 상태에서 에너지를 소진한 경우에는 땀이 줄줄 흐르게 되고 피로하면서 식욕이 떨어지게 된다. 이를 망양(亡陽)증이라고 하며 소음인의 질환 중 대표적인 허증 가운데 하나이다. 망양증에는 인삼과 황기 등의 약재를 투여하며, 여름철에 삼계탕을 먹는 것도 양기의 보충을 위한 처방이라고 봐야 한다.

손발바닥 땀에 좋은 계수나무

　손발바닥에 땀이 많이 나는 경우에는 심리적인 요인이 크게 작용한다. 예로부터 양쪽 손발바닥과 심장 주위의 땀은 심리적인 긴장이 지나치기 때문에 일어나는 것으로 보고, 충분한 수면과 말초부위의 혈류량 확대를 위해 약물치료를 해 왔다.
　계수나무 가지는 말초혈관의 순환성을 좋게 하는 한편으로 양기의 소통을 도와주기 때문에 국소성 발한에 효과적인 처방의 주된 약재로 사용되었으며, 최근에도 손발바닥 다한증 환자를 대상으로 투여한 결과 상당한 효과가 인정되었다.

06
알레르기 체질

우리나라 알레르기 환자는 인구의 10%를 상회하는 600만 명이나 된다. 일반적으로 알레르기 질환의 특징은 그 반응이 우리 몸의 점막조직에서 광범위하게 나타나는 점이다. 그래서 점막이 있는 곳이면 어느 장기에나 발생할 수 있다. 알레르기 질환은 먼저 점막이 붉게 붓고, 가렵고, 분비물이 많아지는 특성이 있다. 그래서 외부의 자극에 대해 똑같은 증상이 반복되어 나타나게 되기 때문에 만성화된다.

알레르기는 우리말로 '과민반응'이란 뜻이다. 과거에 비해 현재 우리나라를 비롯해서 선진국 사람들에게 알레르기 질환이 많아지는 것은 그만큼 스트레스를 많이 받는다는 것을 뜻한다. 이 스트레스는 정신적인 것 이외에 환경이나 음식물까지도 포함한다. 정신적으로 과도하게 긴장하면 혈액속에 '히스타민'이라는 알레르기를 일으키는 물질이 생긴다. 또 공기가 나빠지면 호흡기 점막을 자극하는 물질이 많아진다. 또 지나치게 매운 음식이나 육류섭취를 많이 하면 소화기관을 포함해서 우리 몸이 과민반응을 하게 된다. 결국 우리 몸이 견디지 못해서 나타내는 반응이라고 봐야 한다. 따라서 예전에 비해 사람들은 많은 스트레스를 받고 있다는 것을 뜻하며, 느리게 사는 방법을 주장하는 사람도 나타나게 되었다.

미국은 우리나라에 비해 공기가 좋은 편인데 알레르기 질환은 더욱 심각하다고 한다. 왜냐하면 서양인들의 식단은 육식과 우유제품이 주종이고, 채소와 과일은 구색 갖추기로 전락했으며, 그 결과 알레르기가 많이 나타나게 되었다. 또 경제력이 좋아지고 모유 세대에서 분유 세대로 바뀌면서 태열은 4~10배 정도 증가했다. 그만큼 음식이 사람의 질병에 미치는 영향은 막강하다.

미국이 우리나라보다 공기가 더 깨끗한 것은 사실이지만 정신적 긴장도가 우리나라보다 더 심하고, 우유나 육류 등 알레르기를 일으키는 음식을 우리나라 사람들보다 더 많이 먹기 때문에 알레르기가 더 많다. 그래서 날씨예보를 하면서 계절에 따라 알레르기 경보를 내리기도 한다. 또 우리나라 사람들도 미국에 가서 미국식 생활을 식생활을 따라가다 보면 알레르기 체질이 되는 경우가 많다.

식품에 대해서 알레르기 반응을 일으키는 사람은 전체 인구의 약 0.3~0.7% 정도지만 영아나 유아에서는 8%를 차지할 정도로 많다. 가장 일반적인 것이 우유, 달걀, 생선, 조개류, 육류, 땅콩 등 단백질이 높은 식품들이다. 또 일부 식품 첨가제 즉 방부제, 색소 등이 있고 딸기, 토마토 등 과일이나 채소에도 과민 반응하는 경우가 있다. 식품 중에서 알레르기를 많이 일으키는 것으로는 우유, 계란, 콩이다. 이것은 서구에서 발표된 이론이고, 우리나라에서는 콩에 대한 알레르기가 우유보다 적다.

최근에는 이유식을 빨리하면 알레르기 질환에 걸릴 가능성이 더 높다는 보고도 나왔다. 우리나라 사람들은 빠른 것을 무척 좋아한다. 다른 사람이 신호위반을 하고 가면 욕하다가도 자신이 탄 버스기사가 신호위반을 하면서 가면 굉장히 기분 좋고, 운전기사 아저씨가 멋있어 보이기까지 한다. 이유식도 그런 측면에서 빨리 시키려는 분이 많다.

　그러나 어린애들의 소화관은 예민하기 때문에 새로운 음식물에 적응하는 데는 상당한 시간이 필요하다. 그렇기 때문에 아무리 빨라도 생후 4개월 이후부터 서서히 이유식을 시키는 것이 좋고, 웬만하면 생후 6개월이 지난 다음부터 시작해야 한다. 특히 처음에는 육류나 계란보다는 흰죽이나 채소 삶은 것부터 시작하는 것이 좋다. 사람의 소화관은 한꺼번에 여러 가지 종류를 먹으면 소화할 수 있는 능력이 많이 떨어지게 된다. 그렇기 때문에 음식물의 종류를 다양하게 하는 것은 바람직하지 않다. 특히 알레르기가 있는 아이는 생후 9~12개월 이후에 이유식을 하는 것이 좋다.

　알레르기성 질환을 치료할 때 가장 먼저 생각하는 것이 음식조절인데, 주위에서 하도 많이 들어서 식상할 수도 있겠지만 실제 임상에서 적용해보면 무시할 수 없을 정도로 많은 사람들이 음식조절을 통해 좋아졌다는 치료 성과를 보여주기 때문에 적극적으로 수용해볼 가치가 있다고 본다.

　사상체질에서 보았을 때 태양인과 소양인은 몸에 열이 많은 편이고, 태음인과 소음인은 몸이 차가운 사람이 많다. 그래서 태양인과 소양인은 맵거나 성질이 더운 음식에 대해 알레르기 반응을 많이 일으키고, 몸이 차고 소화력이 약한 소음인 체질은 차거나 덜 익은 과일, 성질이 차가운 음식을 먹고 난 다음에 알레르기 반응을 잘 일으키며, 태양인은 대부분의 육류에 대해 상당한 알레르기 반응을 일으킬 수 있다. 알레르기 반응을 일으키는 각 체질별 특징은 다음과 같다.

체질별 알레르기·아토피 질환의 이해

태양인

사람들은 육류를 먹고 난 다음에는 단백질을 소화하는 과정에서 몸에 열감이 나타난다. 돼지고기나 오리고기도 그 성질이 다른 육류에 비해 차갑기는 하나 이들 육류도 소고기, 닭고기, 염소고기와 마찬가지로 열 생산을 일으킨다. 실제로 소의 체온은 38.5℃이고, 닭은 무려 41.5℃이다.

하지만 변온동물인 어류의 체온은 사람보다 훨씬 낮아서 30℃ 정도이다. 태양인은 몸속의 기운이 쉽게 올라가는 특성으로 인해서 육류보다는 생선섭취가 필요하며, 채소류나 과일류가 기운의 안정은 물론 심리적으로도 편안함을 유지하게 만든다.

맹자는 양혜왕을 만났을 때 "정치를 잘하면 70세 노인이 고기를 먹을 수 있다"고 하면서 육류섭취가 좋다는 의미로 말을 하는데, 그 당시로서는 이상적인 사회상을 그리고 있다. 이처럼 육류섭취는 노인들에게 좋은 것이지만 태양인 체질의 아이가 알레르기 질환이 있을 때에는 주의를 요하며, 생선섭취를 통해 필요한 영양소를 얻으면 영양의 불균형은 없을 것이다. 그래서 태양인은 기운이 쉽게 동하도록 영향을 주는 닭고기, 소고기, 양고기, 염소고기, 돼지고기 등의 육류를 먹지 말고 붕어, 문어, 낙지 등의 생선과 포도, 다래, 순채, 앵두, 모과 등을 주로 먹는 것이 좋다.

태음인

태음인은 네 체질 중에서 기운이 강하고 혈액이 많아서 청장년 시절에는 튼튼하지만 40대 이후 중년기에 접어들면 체중이 증가하면서 혈압이 오르고, 당뇨병과 심장에 걸릴 확률이 높아지는 체질인데, 원래 호흡기와 순환기가 약한 특성을 갖고 있다. 태음인 체질은 어려서부터 음식을 잘 먹기 때문에 근육이 두껍고 살이 잘 찌는 체질이다. 이런 신체특성을 고려하지 않고, 아무 음식이나 입맛이 당기는 대로 먹다 보면 몸에 열이 지나치게 많아서 피부염이나 알레르기성 질환에 걸리기가 쉽다. 그런데도 불구하고 태음인 체질들은 움직이기를 싫어하기 때문에 근육이 지나치게 단단해지고 피부가 거칠어지면서 몸이 뜨거운 상태로 변하기가 쉽다.

그래서 태음인은 몸의 기운을 지나치게 많이 모아서 소통이 잘되지 않게 만드는 닭고기, 보신탕, 삼계탕, 추어탕, 인삼, 홍삼 등을 평소에도 먹지 않는 것이 좋고 소고기와 두부, 콩나물, 수박, 호박, 당근, 버섯 등의 과일과 채소를 많이 먹는 것이 좋다.

소양인

글자의 의미로 보면 소양인은 몸에 양기가 적다고도 해석할 수 있으나 실제로는 네 체질 중에서 열감을 가장 빨리 느끼고, 몸에 열이 많을 때는 피부질환이 자주 나타나는 체질이다. 그리고 전체 알레르기 질환에서 발생 빈도로 본다면 아무래도 소양인에게 알레르기성 비염이나 피부염이 자주 나타나는 것을 볼 수 있다.

소양인은 선천적으로 몸에 열과 화(火)가 많은 체질이기 때문에 여러 환경요인과 신체 내부 요인으로 인해 알레르기 반응이 가장 먼저 나타나게 된다. 특히 소양인은 가슴에 열이 많을 때 피부염이나 알레르기성 반응이 쉽게 나타날 수 있다.

《동의수세보원》에서도 얼굴에 뾰루지나 구순염이 있으면 좋지 않은 상태라고 보고, 소염효과가 있는 한약제가 많이 들어간 처방을 제시했던 것이다. 그래서 소양인은 성질이 뜨거운 닭고기, 소주, 마늘, 생강, 대추, 인삼, 홍삼 등을 평소에도 먹지 않는 것이 좋고 오이, 참외, 멜론, 자두 등의 과일과 채소를 많이 먹는 것이 좋다.

소음인

네 체질 중에서 소음인 체질은 몸이 차가운 경우가 많아서 피부가 보드랍고 매끈한 경우가 많다. 단 소음인 체질 중에서 아랫배나 손발은 차가운데 얼굴로 열이 달아오르는 사람이나 신경이 예민해서 깊은 잠을 자지 못하거나 잠자리에 들기는 하지만 잠들기가 어려워 오랫동안 뒤척이는 사람들은 얼굴이나 상체가 뜨거운 상태로 변하면서 알레르기성 질환이나 아토피에 이환되는 경우가 많다. 이런 사람들은 겉은 뜨거운데 속은 차가운 특성을 가지고 있어서 치료에 어려움이 따르게 된다.

하지만 아무리 오래된 알레르기성 질환이나 아토피가 있더라도 소음인의 근본 치료는 아랫배나 속을 데워주고 피부의 열기는 식혀주는 것이기 때문에 다른 체질보다 더 어렵다고 걱정할 필요는 없다.

소음인 체질 중에서 맥이 부드럽고 늦거나 약한 상태에서 알레르기성 질환이나 아토피성 피부염에 걸린 경우에는 속까지 데워주면서 피부의 변화를 정상화해야 되기 때문에 음식조절에 더 주의를 기울여야 한다.

그래서 소음인은 성질이 뜨거운 닭고기, 소주, 마늘, 생강, 대추, 인삼, 홍삼 등을 주로 먹고 성질이 차가운 오이, 참외, 멜론, 자두 등의 과일과 채소는 적게 먹거나 열을 가해서 요리해 먹는 것이 좋다.

음식 조절법

육류섭취를 줄여라

경제상황이 좋아지면서 육류섭취가 늘어나고 있는데, 육류 속에는 항생제를 비롯한 호르몬 제제, 화학약품 등 다양한 약품이 들어 있어서 알레르기 질환을 야기한다. 초등학생들을 대상으로 조사해 본 결과 도시 학생들이 농어촌 학생들보다 햄이나 소시지를 많이 먹는데, 태열 발생율도 월등히 높았다. 따라서 피부가 나쁜 사람은 햄이나 소시지를 많이 먹지 않도록 하는 것이 좋다. 왜냐하면 햄이나 소시지 속에 포함된 보존제 즉 방부제가 알레르기를 유발하는 것으로 밝혀졌다. 이런 이유로 우리나라 노년층은 젊은 층에 비해 피부가 건강하다.

한의사들 중에는 알레르기성 질환이 있으면 무조건 육류섭취를 제한하는데, 상당한 근거가 있다고 본다. 다른 음식보다 육류생산에는 다양한 문제점이 있다는 것을 다들 알고 있다. 채식에 비해 육류는 모든 생명체의 최종산물이기 때문에 그만큼 오염과 약물남용의 문제점이 많다. 따라서 육류섭취를 제한하면 빠른 호전상태를 볼 수 있다. 그리고 모든 생명체는 존중받을 권리가 있다. 정말 복 짓는 일이라 생각하고 육류섭취를 줄여야 한다.

다만 육류에서만 공급되는 비타민도 있는데 바로 수용성 비타민인 B_{12}이다. 비타민 B_{12}(Cyanocobalamin)는 적혈구 생성과 재생작용으로 악성빈혈을 예방하고 치료하며 만성 피로, 전신 권태감 등을 해소한다. 또 수면과 기상 리듬의 장애 치료에 보조제로 활용하고 기억력과 집중력 증진에 도움을 주는 영양소다. 비타민 B_{12}는 당뇨병성 말초신경염을 개선시켜 주는데 손이나 발이 저릴 때 효과가 있다. 그래서 성장기의 어린이나 노약자들은 수시로 육류섭취를 하는 것이 필요하다.

자극이 강한 향신료를 줄여라

고추나 마늘과 같은 향신료는 성질이 뜨거워서 몸을 데워주고, 생리적으로 보면 말초혈관을 자극해서 혈액순환을 좋게 하는데 알레르기성 피부염을 가진 사람들 가운데 몸이 뜨거운 사람은 이런 향신료를 먹으면 몸이 더 뜨거워져서 평소보다 더 가려움을 느낄 수가 있다.

다양한 산나물과 야채를 먹어라

국민소득이 올라가면서 대부분의 가정에 자동차가 보급될 정도로 소득이 올라가게 되었고, 시골의 할머니들도 일당이 5만 원을 넘어간 지가 오래되었다. 그렇다 보니 하루에 5만 원 이하의 일거리는 숫제 하지 않게 되면서 산나물과 약초를 채취하는 사람은 눈에 띌 정도로 줄었고, 유명 관광지에서 판매되는 말린 산나물도 중국산인 경우가 많아졌다.

우리가 먹는 산나물은 사실 약초의 싹이나 잎사귀, 부드러운 줄기인 경우가 많은데, 이제는 그것을 자주 먹고 싶어도 그럴 수가 없는 상황이 되었다. 더 안타까운 것은 주로 먹는 상추와 쑥갓, 들깻잎은 비료와 농약에서 자유롭지 않다는 점이 건강을 더 위협한다.

사실 나물은 항산화 효과와 더불어 염증을 억제하고 콜레스테롤을 떨어뜨리는 매우 중요한 역할을 한다. 또한 대부분 성질이 차고 약간 쓴 맛이 있어서 아토피성 피부염의 예방과 치료에 도움을 줄 수 있는 소중한 자원이다. 따라서 어린아이들에게도 수시로 먹여서 습관화시켜야 좋다.

각 체질별로 피해야 할 음식

- 성질 급하고 지구력이 약해서 좌충우돌하는 태양인 : 소고기, 닭고기, 술
- 뚱뚱하고 근육이 많은 태음인 : 인삼, 꿀, 게, 전복, 낙지, 복어, 흑염소
- 열을 잘 받는 소양인 : 닭고기, 소주, 매운 고추, 마늘, 생강, 후추
- 몸이 차고 소화력이 약한 소음인 : 돼지고기, 오이, 참외, 수박, 덜 익은 과일, 맥주

생식도 필요한 체질이 있다

생식은 체질에 따라 득이 되기도 하고 해가 되기도 한다. 몸에 열이 많은 사람에게 생식은 도움이 된다. 보통 때 날콩을 씹으면 무척 비려서 역겨움을 느끼지만 열이 심할 때는 날콩을 먹어도 비린 맛을 잘 느끼지 못한다. 그런데 날콩은 어마어마한 알레르기 유발효과가 있다. 더욱이 소화도 잘되

지 않는다. 따라서 어린애나 몸이 찬 사람에게는 오히려 생식이 해가 될 수도 있다.

알레르기와 생활

알레르기성 피부염 유발물질 중에서 가장 흔한 것이 니켈과 고무이다. 동전이나 시계 뒤쪽의 뚜껑, 귀걸이, 목걸이, 반지, 팔지 등 이미테이션 장신구나 지퍼 등이 니켈로 만들어져 있다. 또한 고무가 들어간 제품으로 운동화, 고무장갑, 내의 속에 들어 있는 고무줄, 각종 운동기구 속에 포함된 고무 라텍스 등이 있다.

일상생활에서 주의할 점
- 화장품은 자극이 없는 것으로 선택
- 목욕을 할 때 피부를 너무 강하게 밀지 않기
- 보습제는 에탄올이나 향기가 거의 없는 제품을 사용
- 털옷, 합성섬유로 된 옷은 피부를 자극하므로 면으로 된 옷을 착용
- 비누는 각질층의 지방을 없애기 때문에 가려움을 느끼므로 너무 자주 사용하지 않기

알레르기성 비염

　알레르기성 비염에 걸리면 콧속의 점막이 붓기 때문에 코가 막히면서 머리가 약간 아프고, 콧물이 나고, 콧속이 가렵고 제채기를 자주 하게 된다. 그 결과 대부분의 사람들은 감기에 걸린 줄 알게 되는데, 감기는 대부분 1주일 정도 지나면 낫게 되지만 알레르기성 비염은 일년 내내 감기처럼 나타난다. 또 알레르기성 질환은 계절과도 상당한 연관성이 있다. 늦은 봄이 되면 꽃가루로 인해 알레르기 질환이 악화되는 경우도 있다.

　22세의 어떤 여자 대학생은 초등학교 4학년 때부터 봄만 되면 눈이 가렵고, 콧물이 나면서 코가 막히곤 했으며, 중학교 2학년 때 이후에는 호전되었다가 올해부터 심해져서 이제는 코피가 나기도 한다.

　꽃가루 알레르기는 알레르기의 일종이고, 알레르기성 비염이나 결막염과 상당부분 일치하는 증상을 갖고 있다. 그래서 이런 경우에는 꽃가루를 피하면서 체질적 약점을 보강해야 한다. 또한 여름철에도 알레르기성 비염이 악화되어 고생하는 사람이 많아졌는데, 하루 종일 에어컨이 가동되는 환경 때문에 나타난 것으로 볼 수 있다.

　우리 병원 영양사는 소음인 체질인데, 매년 여름만 되면 알레르기성 비염으로 고생을 한다. 옛날 같았으면 소음인들은 여름철에 음식만 신경 쓰면 되었을 것인데 요새는 에어컨 가동을 하지 않는 직장이 드물기 때문에 상당히 고생을 한다. 소양인인 필자도 여름철이면 방한복으로 항상 양복을 들고 다니다가 지나치게 냉방이 강하다는 판단이 들면 얼른 양복을 껴입는다. 그런데 추위에 취약한 소음인이면 오죽하겠는가? 그래서 간호사들이 겨울에 입는 겹옷을 항상 입으라고 했더니 효과가 있었다. 그러고 나서 계피와 생강이 많이 들어간 약을 투여했더니 견딜 만하다고 했다. 소음인이라면 여름철에 차가운 음료수보다 수정과나 식혜가 더 제격이라는 것도 언뜻 생각이 든다.

어떤 30대 중반의 부인이 매혹적인 콧소리를 하면서 진찰을 받으러 왔다. 단도직입적으로 자신은 감기라면서 치료를 여러 곳에서 받았다고 했다. 어느 곳에서나 감기치료를 받으면 좀 낫는 듯하다가 약기운만 떨어지면 다시 감기증상이 나타난다고 했다. 그래서 알레르기 질환에서 오는 병이라고 설명하고 나서 치료했더니 완전히 나았다. 감기 떨어질 날이 없는 사람들은 혹시 알레르기성 비염이 아닌가 진단받아 볼 필요가 있다.

일상생활에서 주의해야 할 사항

- 가장 먼저 담배를 끊어야 한다. 담배는 기관지 점막을 자극해서 더 심한 염증상태를 만든다. 주위에 알레르기성 기관지염이 있을 때는 담배는 매우 강한 알레르기 유발인자로 작용한다.
- 환기를 자주 시켜서 공기를 깨끗하게 해야 한다. 집안의 공기나 지하실, 밀폐된 장소에서는 알레르기 반응이 더 강해진다. 특히 자동차 배기가스는 기관지 점막에 나쁜 영향을 준다.
- 집안 공기가 너무 건조하지 않도록 화초를 많이 키우고, 가습기를 이용하는 것이 필요하다. 또 너무 차가운 공기에 노출되지 않게 해야 한다. 차가운 공기도 알레르기를 유발한다.
- 평소에 건강에 유의해서 감기에 걸리지 않도록 체력을 보강해야 한다.

알레르기성 비염이 있는 경우에는 결막염도 동반되는 경우가 많다. 알레르기성 결막염은 눈의 결막과 눈꺼풀이 붓고, 충혈이 되고, 눈이 가렵고 눈물이 나는 증상을 수반한다. 알레르기성 결막염은 다른 알레르기 질환과 함께 오는 경우가 많아서 알레르기성 비염환자들이 결막염 증상을 동반하는 경우도 있다. 또 계절과 관계되는 경우가 많으며, 치료는 다른 알레르기 질환과 동일하다. 또한 외부의 자극을 최소화해야 한다.

아토피성 피부염(태열)

체질에 따라 침 치료와 약물 치료

태열(胎熱)은 어린애들에게 많이 나타나는 피부염인데 아토피성 피부염으로 더 잘 알려져 있으며, 두 개의 병명은 같은 질환을 뜻한다. 아토피라는 말 자체가 '비정상적인', '이상한' 이라는 어원을 가지고 있고, 유전적인 소인으로 알레르기 반응을 보이는 것을 아토피라고 한다.

태열은 태어난 지 2~3달 경부터 시작되는데 환자의 60%는 돌 전에 발생하고, 90%는 만 5세 이전에 발병한다. 태열은 가렵기 때문에 쉴 새 없이 긁는 것이 특징이다. 심할 경우에는 밤에 잠을 자지 못할 정도이다. 그래서 바라보는 부모도 같이 마음고생을 한다. 이때 만약 지나치게 많이 긁어서 피부가 손상되면 자욱이 남기도 한다.

예전에는 태열은 돌을 지나면 저절로 없어지는 병 정도로 가볍게 생각했었다. 하지만 어린애들의 면역체계는 아직 완성된 것이 아니기 때문에 태어나서 어느 정도 시간이 지나야 완성되는데, 대체적으로 돌이 지나면 어느 정도 완성되고, 3~4세는 되어야 면역학적으로 성숙되며, 자신만의 특성을 갖게 된다. 그래서 대부분의 아이들은 돌이 되면 태열이 많이 좋아지게 되는데, 그 가운데 몇몇만 문제가 되고 속을 썩이게 된다. 이처럼 대부분의 아이들이 돌이 지나면서 태열이 사라지는 데 비해 태열이 계속되거나 악화되는 것은 아마도 음식이나 정신적인 특성, 환경문제를 포함한 섭생에 문제가 있을 것으로 본다. 대부분의 태열은 초등학교에 들어가면서 좋아지고, 약 반 정도는 사춘기가 지나면서 저절로 사라진다. 그러나 낫지 않는 경우도 많다.

또한 햇빛에 노출되면 피부가 붉게 돋아나고 가려워지는 햇빛 알레르기도 있는데, 햇빛이 알레르기를 유발하는 것만 다를 뿐이며, 알레르기 반응은 동일하게 나타난다. 그러므로 당연히 햇볕을 쪼이지 않거나 적게 쪼이도록 하고, 꼭 필요한 경우에는 모자나 의복 등으로 햇빛을 가리고, 햇빛차단제를 발라서 주의해야 한다. 알레르기성 피부염도 유전적 요소가 상당히 많아서 음식조절을 많이 해야 한다.

다음은 아토피성 피부염으로 고생하고 있는 소현이 아빠의 문의내용이다.

소현이는 현재 7세로 유치원에 다니고 있습니다. 3세 때까지는 잘 몰랐는데 그 이후부터 여름철에는 조금 덜했다가 겨울철만 되면 온몸이 가려워서 밤에 잠도 자지 못하고 긁어대느라 정신을 차리지 못합니다. 온몸은 상처투성이라서 걱정이 이만저만 아닙니다. 내년에는 초등학교에 입학해야 하는데 이 상태로는 과연 학교에나 다닐 수 있을지 걱정입니다.
 처음에는 피부과에 다니면서 연고류를 바르다가 다시 한의원에도 다녀 보는 등 좋다는 것은 다해 보았으나 별로 효과를 보지 못하고 있습니다. 최근에는 지난 2월부터 서울에 있는 한의원에 다니고 있으나 별로 나아지기는 고사하고 오히려 피부상태가 더 나빠진 상태입니다. 한의원 선생님 말로는 조금 더 치료를 해 보자고 하는데 걱정입니다. 참고로 한의원에서는 먹는 약과 바르는 약을 병행하여 치료하고 있는 상태입니다. 어떻게 하면 하루빨리 소현이 피부를 정상적으로 되돌려 놓을 수 있을지 선생님의 고견을 부탁드립니다. 꼭 답변을 부탁드립니다.

 위와 같이 아이에게 아토피성 피부염이 있으면 부모들의 걱정이 많아진다. 더구나 아토피성 피부염의 치료는 쉽지 않다. 아토피성 피부염은 만성적인 질환으로서, 아직까지 그 정확한 원인조차 모르고 있기 때문이다.
 그러나 치료가 되지 않는 것은 아니다. 특히 어린애들은 어른에 비해 치료효과가 더 뛰어나다. 먼저 체질에 따라 침 치료와 약물 치료를 달리 해야 한다. 심한 경우에는 스테로이드 연고제를 병행해도 무방하다. 가장 먼저 체질에 따라 음식물 섭취를 달리해야 한다. 경우에 따라서는 돼지고기가 약이 될 수도 있고, 닭고기가 약이 될 수도 있다. 시간이 좀 많이 걸린다는 것을 인정하고, 순순히 따라야 한다.
 알레르기성 피부염을 치료할 때는 모든 알레르기 체질에서 주의해야 할 음식, 생활상 주의점 등은 동일하다. 다만 증상이 심하면 기본적으로 스테로이드 연고제를 적절하게 사용하고, 가려움을 덜어주기 위해 항히스타민제를 사용한다. 그러면서 피부에 보습효과를 주기 위해서 외용제를 사용하는데 스테로이드 제제는 알레르기를 일시적으로 눌러주는 효과만 있지 근본치료가 되는 것은 아니다. 그래서 치료받을 때만 좋아지고 약만 중단하면 당연히 재발하게 된다. 만약 스테로이드로 염증을 가라앉혀서 피부색이 푸르뎅뎅하면 아직 다 나은 상태가 아니며, 피부색이 정상적이어야 된다. 만약 푸르뎅뎅한 피부색이 있다면 약만 끊으면 다시 재발할 수밖에 없으며, 지속적으로 스테로이드 연고를 사용하면 피부의 진피층이 얇아져서 붉은 모세혈관이 피부 밖으로 드러나게 되고, 백내장이 많이 생기기도 한다.

송민우 군 사례

민우는 태양인 어머니 밑에서 자라고 있는데 목소리가 우렁차고 체격이 듬직한 고등학생이다. 어릴 때부터 아토피로 인해 여러 번 치료를 했고, 피부과에서도 진료를 지속적으로 받고 있는 상태이다. 아토피의 특성상 때로는 심했다가 조금 호전되기를 반복하고 있는데, 깊은 잠을 이루지 못하고, 잠자리에 들어도 항상 20~30분 이상 걸려야 겨우 잠이 들곤 했다. 또 하나 특징이 손발이 굉장히 차가워서 양말을 신어도 차갑게 느끼고, 발에 땀이 많이 났으며, 집중력이 떨어지곤 해서 걱정이 되었다.

민우와 많은 대화를 나누다가 작년 겨울 방학 때 비로소 태양인이라는 확신이 들었다. 같은 학년 300명 가운데 자기하고 얘기를 나눌 수 있는 친구는 단지 2명에 불과하고, 동급생들이 생각하고 말하는 것이 너무 유치해서 같이 끼고 싶은 생각이 전혀 없고, 아주 사소한 일에 목숨을 걸듯이 매달리고 신경 쓰는 것들이 도대체 이해가 되지 않는다는 말을 했다. 고등학교 1학년생으로서 느끼는 점이 스케일에서 상당히 차이가 났다. 태양인은 비록 어리석더라도 타고난 본성이 너무도 넓어서 마치 커다란 바다에 눈이 내리더라도 바닷물의 높이가 올라가지 않는 것처럼, 태양인은 생각하는 바가 넓다는 점과 일치했다.

또한 자라면서 상체근육이 발달했고, 목소리가 궁성인데도 때로 상성의 목소리가 나타났고, 민우를 임신했을 때에 태양인 엄마는 입덧을 하긴 했지만 토하지는 않았으며, 처음에 먹었던 것이 메론맛 아이스크림과 딸기였고, 밥을 꼭 먹어야 속이 가라앉았다고 했다. 그래서 태양인 한약을 투여했더니 많은 효과가 나타나서 전에 태음인 치료를 했을 때보다 확실히 좋아졌고, 소변양도 증가했다.

민우는 고등학교에 들어오면서 키가 자라서 181cm에 75kg으로 체격이 좋아졌고, 가려움증이 많이 사라졌다. 이때부터 육류 섭취를 줄이고 생선과 야채, 과일 섭취를 권유했는데, 태양인에게 좋은 멜론, 포도, 감은 잘 먹지만 나머지 과일은 별로 좋아하지 않았다.

고등학교 1학년 여름방학이 되면서 피부과에서 알레르기 반응검사를 한 결과 먼지와 닭고기에 알레르기 반응이 있었는데 정상치가 5 정도의 기준에서 100 이상 나왔다. 민우는 학원에 가면 알레르기성 피부염이 악화되었고, 때로 변비가 나타났다. 그래서 다시 태양인 처방을 투여했는데, 중간에 먼지에 많이 노출된 다음에 한 번 악화되어 피부가 갈라졌다가 예전보다 훨씬 빠르게 회복되었고, 대변 횟수도 더 잦아져서 매일 한 번 보는 정도로 좋아졌다.

민우는 잠을 너무 늦게 자고, 아침에 일찍 일어나지 못하는 상태였다. 엄마의 경험으로는 일찍 자고 새벽에 일찍 일어나야 집중력도 좋아지고, 성적도 좋았다는 경험이 있었는데, 특히 새벽 5시 정도에 일어날 때 가장 이상적이었다. 엄마도 고등학생이나 대학생 때 보면 밤 10시 정도 되면 졸리기 시작해서 10시 이후가 되면 집중력도 떨어지고, 말도 조리가 없으며, 혀도 발음이 정확해지지 않는 상태가 나타나곤 했다. 이런 특성을 설명했더니 조금씩 일찍 잠이 들었고, 점차 좋아지는 것이 눈에 보이기 시작했다.

두드러기

두드러기도 알레르기 반응의 한 가지 형태다. 두드러기는 피부의 혈관 반응으로서 특징적인 팽진(膨疹)이 나타나고 붉은 발적으로 둘러싸여 있으며 심한 소양감이 나타나는 질환으로 발생한 기간에 따라 급성과 만성으로 나눈다. 이 가운데 만성형 두드러기는 6주 이상 두드러기가 지속되는 경우를 말하는데 흔히 원인을 찾기가 어려워 일상생활에 지장이 없도록 증상이 점차 소실될 때까지 항히스타민제 등의 약제들을 적절히 사용하면서, 악화인자와 정신적 갈등을 제거하여 증상을 경감시켜 주거나 없애 주는 치료를 하게 된다.

두드러기 중에는 콜린성 두드러기도 있는데, 알레르기 질환의 일종이다. 콜린성 두드러기에 의한 발진은 심한 가려움을 일으키며 반점 모양으로 돋아 올라온다. 이는 몸이 열에 노출되거나 갑작스런 정서적 자극이나 긴장,

뜨거운 샤워나 심한 운동을 한 후에 땀이 나면서 즉시 또는 수분 후에 발진이 돋는다. 원인은 잘 모르지만 수분이 피부의 분비물과 반응하여 히스타민이라는 물질을 분비함으로써 두드러기를 발생시킨다고 알려져 있다. 진단은 뜨거운 물에 담그거나 운동을 하여 땀을 흘리게 하면 피부소견이 발생함으로써 알 수 있다. 콜린성 두드러기도 아직까지 완전한 치료는 없으며, 대체로 경과는 만성을 취하므로 장기간 항히스타민제의 경구투여 등으로 효과를 보이며, 수개월 내지 수년 사이에 자연치유될 수도 있다.

콜린성 두드러기로 고생하는 경우에는 생활환경에 변화를 줄 필요가 있다. 물은 생수를 마시고, 음식은 가공하지 않은 채로 먹고, 주택은 아파트보다는 독립된 한옥에서 계절의 변화를 느끼면서 사는 것이 좋으며, 사무실은 수시로 창문을 열어서 환기하는 것이 좋다. 물론 정신적으로 스트레스 받지 말고 살아야 하며, 규칙적으로 몸을 이완시켜 주는 운동을 하면 좋고, 자신의 체질에 맞는 음식을 골라서 먹으면 점차 몸이 좋아진다.

알레르기성 피부염 가운데는 접촉성 알레르기성 피부염도 있는데, 뾰족한 물체로 긁으면 피부가 일어나고 꼭 끼는 옷이나 벨트를 멘 곳에 두드러기가 일어나기도 한다. 이것도 알레르기 증상 가운데 하나이다. 어떤 사람은 방안에 들어오면 등에서부터 심하게 가렵고, 긁기 시작하면 한참동안 긁어야 되는데, 손으로 긁은 자리에는 손톱자국이 어지럽게 났다가 점차 사라진다.

이처럼 피부에 가벼운 자극을 주고 몇 분 정도 지나면 피부가 일어나는 것을 피부묘기증이라고 부르는데, 알레르기 피부염이 있을 때 나타난다. 그리고 두드러기를 포함한 대부분의 알레르기 질환은 밤에 더 심해진다.

천식

천식이라고 하면 나이 많은 어르신들한테나 있는 것으로 알고 있지만 아이들 중에는 만성적으로 천식을 앓는 아이들도 많다. 천식이란 기관지가 좁아져서 호흡곤란, 기침, 천명 등의 증상이 반복하여 나타나는 대표적인 알레르기 질환인데, 흔히 소아 천식은 0~15세까지로 본다.

소아 천식은 성인 천식과 비교해서 원인, 증상, 치료 등에서 많은 차이가 나며, 소아 천식의 원인은 알레르기성, 감염성, 혼합형으로 나타난다. 또 소아 천식은 어른들의 천식과는 달리 기관지의 크기가 작아서 기관지가 조금만 좁아져도 심한 호흡곤란이 생기고 기관지 내에 점액선이 발달하여 성인보다 분비물이 많이 생긴다. 또 어린이는 허파꽈리의 면적이 적어서 산소와 이산화탄소의 교환능력이 성인보다 쉽게 떨어지기 때문에 호흡운동에 관여하는 근육도 미숙하여 쉽게 피로해지고, 기관지에 염증만 생겨도 심한 호흡곤란을 일으키기 때문에 어려운 점이 있다.

한의학에서 천식, 천명은 글자 그대로 '숨을 헐떡거릴 때 나오는 증상'으로 이름을 붙인 것이다. 보통 천식은 쌕쌕거리다가 심해지면 휘파람소리가 나기도 한다. 그렇다 보니 체질에 맞게 면역성을 높여주고, 적절한 환경만 갖춰주면 고칠 수 있는 질환이다.

소아 천식환자는 천식만을 가지고 있는 경우보다 다른 알레르기 질환의 과거력이나 가족력이 있는 경우가 많다. 대개 생후 수개월에 아토피가 생기고 감기에 자주 걸리며 설사를 하게 된다. 그러다 2~3세경이 되면 쌕쌕거리는 숨소리와 기침, 호흡곤란으로 천식이라는 진단을 받게 된다.

맥이 강한 아이는 자극에 예민해서 잠을 잘 때도 이리저리 몸을 뒤척이고, 아침에 일찍 일어나고, 활동력이 높다. 맥이 약한 아이는 짜증이 많고, 아침에 못 일어나고, 소화력이 약해서 감기만 걸렸다 해도 설사까지 동반한다. 이런 아이들은 대체적으로 면역성이 떨어져 있고, 그래서 감기는 물론 알레르기 질환에 약해져 있기 때문에 한약, 생활습관, 음식 등으로 면역성을 높여줘야 한다.

집에서는 엄마가 환경관리를 철저히 해야 한다. 실내에서는 환기를 자주 시키고 습도와 온도 조절을 하고 숯이나 공기 청정기 등을 사용한다. 더 근본적인 치료를 하고 싶으면 공기 좋은 곳으로 이사를 하는 것도 괜찮다. 응급상황일 때는 병원에서 처방해 준 흡입기를 이용해서 대처를 하는 것이 바람직하다.

아이가 숨을 쉬기 힘들어서 잠을 자지 못할 때 할 수 있는 몇 가지 지압법이 있다. 손가락으로 귀 안의 들어간 부분을 부드러워질 때까지 만져주면 금방 잠이 들기도 한다. 그 다음으로는 부돌혈과 천돌혈을 지압한다.

맥이 느리거나 약한 아이는 기운을 보충해 주는 보약을 먹이는 것이 좋고, 음식도 자기 체질에 맞는 것 위주로 먹이면 좋다. 몸이 건강하고 맥이 강한 아이라면 음식을 골고루 먹이면 된다. 또 부모님과 함께 운동을 하면서 체력을 보강하면 더욱 좋다.

감기를 방치하면 천식이 된다고 하지만 감기가 천식의 직접적인 원인은 아니다. 대부분 부모님들이 감기를 앓고 나면 꼭 천식이 동반된다고 하는데 감기와 천식은 밀접한 관련은 있지만 직접적인 원인은 아니다. 또 천식을 앓는 자녀들은 운동을 하면 안 된다고 생각하는데 천식은 기관지의 염증성

질환이므로 발작이 일어나지 않도록 격렬한 운동은 피하되 실내수영장처럼 따뜻하고 수증기가 많은 곳에서 운동하는 것은 좋다. 수영선수 박태환 역시 천식을 고치기 위해서 수영을 시작했다.

알레르기성 기관지염

알레르기성 기관지염과 천식은 증세가 비슷하고, 대부분의 알레르기성 기관지염 환자는 증상이 악화되면 알레르기성 천식이 동반되기 때문에 기관지에 손상이 가지 않도록 전문적인 치료가 필요하다. 천식의 진단은 지극히 임상적인데 1년 동안 3회 이상의 쌕쌕거리는 증상을 동반한 호흡곤란을 경험했거나, 4주 이상의 만성기침을 하고 있거나, 운동을 했을 때 기침이 유발되거나, 심혈관계통에 이상이 없는데도 불구하고 가슴에 통증이 동반되는 경우는 천식으로 생각한다.

고명딸을 키우는 부인이 아이의 사회성을 길러준다고 4세가 되자마자 놀이방에 보내고, 실내수영장에 보냈는데 6세가 되면서부터 목에서 쌕쌕거리는 소리가 나고, 기침이 그치지 않아 병원을 찾아왔다. 진료해 보니 알레르기성 기관지염이었다. 실내수영장에서 사용하는 소독용 염소제품에서 나오는 염소 가스 때문에 증상이 악화되었기 때문이다. 벨기에에서는 만 6세 이하의 어린이들에게 실내수영장 출입을 금지하고 있는데, 염소 가스가 어린이들 기관지 점막에 막대한 자극을 줘서 알레르기를 유발하기 때문이다. 이럴 때는 실내수영장 출입을 자제하고, 감기 기운만 있으면 약을 먹는 것이 좋다. 일단 목이 붓고 가래가 심해지면 늦으니까 낌새가 있으면 한약을 먹이는 것이 좋다.

알레르기성 기관지염의 치료를 위해 평소에 도라지나 취나물을 많이 먹으면 도움이 된다. 또한 가을에는 은행을 구워서 먹으면 좋다. 차로 마시려면 뽕나무 뿌리껍질을 달여서 수시로 마시면 좋다. 또 몸에 열이 많고 성질이 급한 소양인 체질은 음기를 보강하기 위해서 녹차, 구기자차, 딸기 등을 오랫동안 먹으면 효과가 있고 숙지황을 자주 먹어도 도움이 된다. 몸이 차갑고 식욕이 없으면서 추위를 많이 타는 소음인체질들은 생강차를 꾸준히 마시면 알레르기성 기관지염이 좋아진다.

알레르기 질환을 치료할 때는 단기간에 100% 완전히 낫기를 요구해서도, 기대해서도 안 된다. 또한 세상에는 많은 치료법이 있지만 실제로 도움이 되지 않는 것도 많고, 아주 뚜렷한 효과가 있는데도 제대로 사용하지 못하는 것도 있다. 그렇다 보니 자신과 아이의 체질만 잘 알았다면 음식만으로도 좋은 효과를 낼 수 있었을 텐데 하는 것이 바로 알레르기 질환을 치료하면서 매번 느끼는 점이다.

07
아이 체질과 키

얼마 전 우리나라의 결혼 정보업체인 듀오가 미혼여성 344명을 대상으로 "같이 걷고 싶은 남자의 키가 얼마면 좋겠느냐?"라는 질문을 했더니 175~180cm인 남자가 64.2%로 전체 여성 응답자의 약 2/3를 차지했고, 180cm 이상이면 좋겠다는 여성도 19.8%나 되었으며, 170cm 이하면 좋겠다는 여성은 0%였다는 보도가 있었다. 그만큼 여성들은 남자의 키가 크면 좋겠다는 생각을 하고 있다.

사실 〈2005년 상반기 동아시아 통계연감〉을 보면 20~25세 남성을 기준으로 했을 때 세계에서 가장 키가 큰 나라는 네덜란드로 평균키가 182.5cm이고, 북한이 158cm로 비교 대상 37개 국가 가운데 가장 작았다. 우리나라 남성의 평균키는 173cm로 아시아에서 가장 큰 것으로 조사됐고, 일본이 170.7cm이었으며, 중국은 169.7cm로 조사됐다.

1979년 우리나라 20대 남녀의 평균키는 서양인에 비해 10cm 이상 작았으나, 2004년 Size Korea에서 조사한 결과 한국인 남성은 미국인보다 5.3cm, 이탈리아인보다 1.3cm 작은 173.2cm로 나타났으며, 여성의 경우도 미국인보다 5.5cm, 이탈리아인보다 1.9cm 작은 160.0cm인 것으로 나타나 영양상태가 개선되면서 우리나라 성인들의 키가 25년 만에 엄청나게 커진 것으로 나타났다.

같은 민족인데도 불구하고 남북한의 남자의 평균키가 15cm나 차이가 나는 것은 유전인자 이외에 생활 조건과 영양이 신장에 큰 영향을 끼침을 보여주는 사례라고 볼 수 있는데, 중국의 경우를 자세히 살펴보면 그런 결론은 확신으로 변한다. 중국 북방에 사는 남성이 남방에 사는 남성보다 평균키가 컸고, 경제가 발달한 동부지역이 서부지역보다, 도시가 농촌보다 평균키가 큰 것으로 조사됐다.

키 때문에 병원을 찾아오는 아이들의 성장판을 검사해 보면 100명 중 40~50명은 성장판이 거의 닫혀가고 있는 것을 볼 수 있다. 이런 아이들에게 치료를 한다고 해도 상당수의 아이는 최종 성인키가 우리나라 성인들의 평균키에도 못 미칠 가능성이 높다.

성장판은 다리나 팔의 길쭉한 뼈 끝부분에 위치하고 있는 연골조직으로 성장호르몬의 작용을 받아 증식하면서 뼈가 자라게 되는데, 주로 사춘기 때 급성장하면서 1년에 10cm 이상 자라기도 한다. 그러나 이 성장판은 여자아이의 경우 초경을 시작하면 서서히 단단한 뼈조직으로 변하게 되고, 초경 후 약 2~3년이 지나면 연골로 된 성장판의 세포분열이 약하게 되고, 18세 전후가 되면 단단한 뼈조직으로 변하게 되면서 성장이 끝나게 된다.

출생 시 아이들의 키는 평균 50cm 정도 되는데, 돌이 되면 1년 동안 20~30cm까지 자라고, 2세가 될 때까지는 약 10cm 정도 자라며, 3세부터 사춘기 이전까지는 완만하게 매년 5cm 정도 자라게 된다. 사춘기는 아이들의 영양 상태와 환경에 따라 차이가 있는데, 빠른 아이는 초등학교 3~4학년부터 시작되고, 대부분 5~6학년이 되면 시작된다. 더구나 예전에 비해 아이들의 영양섭취가 늘어나면서 비만으로 인한 성호르몬의 분비가 일찍 일어나고 있어서 사춘기가 이전 세대에 비해 빨리 나타나고 있다.

사춘기에는 남자의 경우 매년 평균 10cm 정도 키가 자라고, 여자의 경우 매년 평균 9cm가 자라는데, 1년에 10cm 이상 자랄 때가 가장 중요한 시기이다. 이럴 때는 충분한 수면과 적절한 운동, 아이의 체질과 그 당시의 몸 상태에 맞는 한약 투여가 정말로 필요하다.

키가 상대적으로 작은 아들을 둔 부모님들의 대부분은 "남자는 원래 여자들보다 성장이 늦고, 대부분의 남자아이는 고등학생 때 키가 자란다. 그리고 어떤 아이는 군대 가서 키가 크는 놈도 있더라." 하면서 치료를 미루는 경향이 있다. 이렇게 믿는 부모님들은 그들의 경험을 토대로 확신하고 있는데, 못 먹고 살 때의 영양 상태와 오늘날의 영양공급이 엄청나게 다르다는 사실을 모르기 때문이다. 예전에는 남자아이들의 제2차 성징이 중학교 3학년 정도 되어야 나타났고, 성호르몬의 분비도 지금 아이들보다 늦어서 고등학생 때 키가 많이 자랐다. 그리고 여자아이들의 경우 초경을 중학교 2~3학년이 되어서야 했기 때문에 고등학생 때까지 키가 자랐던 것이다. 하지만 요즘은 그 때보다 적어도 2~3년은 키의 성장이 빨리 끝나고 있다.

남자아이들의 경우 중학생이 되면 사춘기와 함께 변성기가 찾아오고 키가 빠른 속도로 자라면서 골격이 커지기 시작하고, 고등학교 1~2학년이 되면 성장판이 거의 닫히게 되면서 키의 성장이 멈추게 되기 때문에 중학교에 들어가기 전에 성장판 검사를 받고 지속적인 약물치료와 함께 운동을 지속적으로 해야 한다.

여자아이들의 경우에는 초등학교 4학년 때부터 키의 변화를 관찰해 보고, 부모의 키가 평균 이하일 경우에는 초경이 나타나기 이전부터 관리를 시작해야 한다. 왜냐하면 여자아이들의 경우 중학생이 되면 약 과반수의 아이들이 초경을 하고, 초경이 나타나면 키의 성장은 급격히 떨어지기 때문이다.

체질적으로는 태음인의 키가 가장 크고, 태양인이 그 다음으로 크고, 그 다음이 소양인이며, 소음인이 가장 작다. 일부 소음인 중에 키가 큰 사람이 있긴 하지만 그 부모의 유전인자 때문으로 볼 수 있고, 전체적으로 보았을 때는 소음인이 가장 적게 음식을 먹기 때문에 키가 작다고 본다.

아래의 표를 보면 우리나라 남자아이의 키는 11세(5학년)에서 15세(중학교 3학년)가 될 때 가장 많이 자랐고, 여자아이의 키는 9세(3학년)에서 13세(중학교 1학년)가 될 때 가장 많이 자랐다. 그런데 체중도 키와 마찬가지로 남자아이는 11세(5학년)에서 15세(중학교 3학년)가 될 때 가장 많이 늘었고, 여자아이의 몸무게도 9세(3학년)에서 13세(중학교 1학년)가 될 때 가장 많이 늘었다. 결국 키는 몸무게와 동시에 늘어난다는 것을 알 수 있으며, 음식을 잘 먹어야 키가 잘 자란다는 것을 의미한다.

교육인적자원부가 발표한 '2006년 고등학생 신체검사 결과'에 따르면 고3 남학생들의 평균키는 173.6cm이었고, 고3 여학생들의 평균키는

160.9cm이었으며, 현재 우리나라 아이들의 키 성장은 정체기에 들어서고 있다.

[연령별 평균 키와 몸무게]

남자	연령	여자	남자	연령	여자
50.1	출생시	49.4	3.4	출생시	3.3
67.6	5~6개월	66.3	8.0	5~6개월	7.5
76.0	11~12개월	74.8	9.9	11~12개월	9.4
81.2	15~18개월	79.9	11.1	15~18개월	10.5
86.2	21~24개월	85.0	12.3	21~24개월	11.7
93.1	2.5~3세	91.9	14.0	2.5~3세	13.4
100.3	3.5~4세	99.2	15.9	3.5~4세	15.3
107.2	4.5~5세	106.1	18.1	4.5~5세	17.4
113.6	5.5~6세	112.5	20.4	5.5~6세	19.6
119.5	6.5~7세	118.3	22.9	6.5~7세	22.0
123.7	7~8세	122.4	24.8	7~8세	23.9
129.1	8~9세	127.8	27.8	8~9세	26.9
134.2	9~10세	133.5	31.3	9~10세	30.5
139.4	10~11세	139.9	35.5	10~11세	34.7
145.3	11~12세	146.7	40.3	11~12세	39.2
151.8	12~13세	152.7	45.5	12~13세	43.8
159.0	13~14세	156.6	50.7	13~14세	47.8
165.5	14~15세	158.5	55.4	14~15세	50.9
169.7	15~16세	159.4	59.4	15~16세	52.8
171.8	16~17세	160.0	62.4	16~17세	53.6
172.8	17~18세	160.4	64.5	17~18세	53.9
173.4	18~19세	160.7	65.8	18~19세	54.1

질병관리본부와 대한소아과학회에서 2007년 10월 18일 발표
이 표는 1998년 이후 9년 만에 나온 새 표준치이며, 14만 명의 신체측정 자료를 근거로 적정 발육 상태를 제시한 것이다.

여자아이 키 키우기

민경이는 중학교 1학년 여자아이인데 소양인 체질이다. 2007년 2월 26일 처음 병원에 왔을 때 주된 호소가 키가 많이 자라는 거였다. 아빠의 키는 178cm이고, 엄마의 키가 158cm이었다. 민경이는 당시 초경이 없었다. 발육이 늦어서 아직 유치를 갈지도 않은 것이 있을 정도였다. 좋아하는 음식이 없을 정도로 잘 먹지 않았고, 말도 없이 조용했는데, 맥이 상당히 약했다.

당시 민경이의 키는 141.1cm이고 몸무게는 29.6kg이었으며, 독활지황탕을 2007년 7월 14일까지 투여했더니 키가 145cm로 자랐고, 몸무게도 31.5kg으로 늘었다. 이후부터 2007년 11월 24일까지 형방사백산을 투여했더니 키가 147.5cm로 자랐고, 몸무게는 36.3kg로 늘었으며, 2008년 2월 25일에는 키가 149.0cm로 자랐고, 몸무게는 37.4kg로 늘었다. 2008년 8월 20일 진찰 시에는 키가 151.0cm로 자랐고, 몸무게는 39kg으로 변화되었다. 결국 2007년 2월에 141cm이었던 키가 1년 반 동안에 10cm 자랐다.

남자아이 키 키우기

장우는 47개월 된 남자아이로 태어날 때는 51cm로 거의 표준에 가깝게 태어났는데, 돌부터 성장하는 속도가 떨어져 지금 현재 94cm로 또래보다 머리 하나가 없다. 성장곡선을 따라 점을 찍어보면 하위 3%에 들어간다. 엄마도 키가 작은 편이 아니고 장우 아빠도 큰 편인데, 왜 장우만 안 크는지 걱정이 많다.

키는 유전적인 영향을 무시할 수 없기 때문에 엄마, 아빠의 키가 얼마나 되는지 알아봤더니 엄마는 키가 163cm이고, 아빠는 178cm이었다. 엄마와 아빠 둘 다 표준보다는 큰 편이고 장우 형이 있는데, 형도 큰 편이라 별로 신경을 쓰지 않았다고 한다. 그러나 시간이 지날수록 장우의 키가 잘 자라지 않아 혹시 건강상의 문제가 있는 건 아닐까 하는 걱정이 많았다고 한다.

아이의 키는 유전을 무시할 수 없다. 그래서 엄마와 아빠의 키를 근거로 유전적인 소인으로 봤을 때 장우의 예상 키를 측정할 수 있다. 유전적인 소인으로 자녀의 예상 키를 산출할 때는 엄마와 아빠의 키를 더해서 2로 나눈 키에 남자아이는 +6.5를 더하고 여자아이는 -6.5를 하면 된다. 장우의 예상 키를 산출해 보면 177cm 정도가 된다고 볼 수 있다.

유전적으로는 작지는 않지만 현재 장우의 키가 작은 원인은 질병이나 식습관, 운동 등 생활습관에서 찾아보면 좋을 듯했다. 장우의 생활을 살펴보았더니 놀이터에서 친구와 놀 때 친구들과 비교해 보면 확연히 키가 작은 장우는 작은 키에 대한 스트레스가 있는 듯하고, 편식은 없지만 식사할 때의 밥량이 적은 대신에 엄마의 지도 아래 스트레칭을 매일 꾸준히 하고 있으며, 키에 좋다고 해서 매일 우유를 마시고 있었다.

다만 엄마가 집에서 스트레칭을 시키고 있지만 효율적이지 못한 것 같았고, 차라리 놀이터에서 친구랑 신나게 뛰어다니며 놀 수 있도록 하는 것이 더 좋지 않을까 생각되었다. 그리고 장우의 종합검진은 골연령 검사, 소변검사, 혈액검사를 했고, 한방검사로는 맥진기검사와 체질분석 등을 했다.

먼저 장우의 혈액검사 소변검사를 통해 갑상선, 성장호르몬, 간 기능, 빈혈 등을 살펴보았더니 모두 정상 범위에 들어 있었고, 장우의 뼈 나이 검사 결과 장우는 달력연령보다 약 6~7개월 앞서 있었다.

'앞서 있다'는 의미는 의학적으로는 달력연령 2년 이상 뒤처지거나 앞서 있을 때 건강상의 문제가 있다고 하고 그 이하면 정상범위이다라고 할 수 있다. 또 장우의 예상키가 168cm로 나왔는데, 유전적인 소인보다 약 10cm가 적었다. 이 결과는 크게 두 가지로 생각해 볼 수 있는데, 체질적으로 성장이 늦되는 아이인 경우와 영양적인 문제가 있을 수 있다.

한방검사 결과는 설진에서는 혀의 바탕과 이끼색이 모두 정상이었고, 음성을 통해 분석한 결과 체질은 소양인이었으며, 맥은 또래보다 약했다. 이러한 장우의 체질에 맞게 키를 키울 수 있는 방법은 무엇보다 식생활 개선이었다.

우유를 매일 200ml씩 마시는 것이 절대적이진 않다고 보고 해산물, 다시마, 새우, 오징어 등 소화가 잘되는 음식을 많이 먹이고 매운 음식은 피하도록 하고, 탄산음료나 싫어하는 우유를 대신해서 수정과와 식혜를 마시도록 했다. 그리고 숙지황이 든 약을 3개월 정도 먹여 약한 맥을 보강해 주고, 힘을 키우고 뼈를 강화시켜 주는 것이 좋다고 말했다.

그 다음으로는 생활습관 중 잠을 잘 재우는 것이 좋은데 장우는 일찍 자는 편이기 때문에 일찍 깨워서 생활의 활력을 찾게 해 주는 것이 좋고, 키 크는 데 도움이 될 만한 운동으로는 무릎과 발목에 어느 정도 힘이 가해지는 줄넘기와 농구, 달리기 등을 1주일에 3회 정도 시키도록 했다. 보통 운동하는 아이들은 사춘기가 평균 1년 정도 늦게 시작이 되는데, 이 기간 동안 성장호르몬이 키 크는 쪽으로 방향을 잡게 되면서 키가 더 자라게 된다.

이러한 방법들로 꾸준히 노력을 한다면 유전적으로 성장할 수 있는 키 크기에 5cm 정도는 더 키울 수 있다고 본다.

중앙생활사
중앙경제평론사

Joongang Life Publishing Co./Joongang Economy Publishing Co.

중앙생활사는 건강한 생활, 행복한 삶을 일군다는 신념 아래 설립된 건강·실용서 전문 출판사로서 치열한 생존경쟁에 심신이 지친 현대인에게 건강과 생활의 지혜를 주는 책을 발간하고 있습니다.

체질을 알면 1등 교육이 보인다

초판 1쇄 인쇄 | 2012년 1월 20일
초판 1쇄 발행 | 2012년 1월 25일

지은이 | 김달래(Dalrae Kim)
펴낸이 | 최점옥(Jeomog Choi)
펴낸곳 | 중앙생활사(Joongang Life Publishing Co.)

대　　표 | 김용주
책임편집 | 정두철
본문디자인 | 이여비

출력 | 현문　종이 | 한솔PNS　인쇄·제본 | 현문

잘못된 책은 바꾸어 드립니다.
가격은 표지 뒷면에 있습니다.

ISBN 978-89-6141-088-5(13590)

등록 | 1999년 1월 16일 제2-2730호
주소 | ㉾100-826 서울시 중구 다산로20길 4 (신당4동 340-128)
전화 | (02)2253-4463(代)　팩스 | (02)2253-7988
홈페이지 | www.japub.co.kr　이메일 | japub@naver.com | japub21@empas.com
♣ 중앙생활사는 중앙경제평론사·중앙에듀북스와 자매회사입니다.

Copyright ⓒ 2012 by 김달래

이 책은 중앙생활사가 저작권자와의 계약에 따라 발행한 것이므로 본사의 서면 허락 없이는
어떠한 형태나 수단으로도 이 책의 내용을 이용하지 못합니다.

▶ 홈페이지에서 구입하시면 많은 혜택이 있습니다.

※ 이 도서의 국립중앙도서관 출판시도서목록(CIP)은 e-CIP 홈페이지(www.nl.go.kr/cip.php)에서
　이용하실 수 있습니다.(CIP제어번호: CIP2011005811)

예 방 과 치 유 를 위 한 건 강 서 베 스 트 !

한국, 일본
건강·암분야
초베스트셀러!

항암제로 살해당하다 ① - 항암제 상식편

후나세 슌스케 지음 | **기준성** 감수 | **김하경** 옮김
신국판(양장) | 384쪽 | 15,000원

암환자의 80%는 항암제로 살해되고 있다!

'암환자의 80%는 항암제와 방사선 요법 등으로 살해되고 있다'는 충격적인 고발서! 암 전문학자들이 증언하는 전율할 만한 내막과 아우슈비츠 수용소나 일본군 731부대의 학살극과도 같은 거대자본의 화학이권에 얽힌 악랄한 암산업의 진상을 낱낱이 밝힌 책이다. 아울러 몸과 마음을 근본적으로 변화시켜 암을 치유할 수 있는 다양한 대체요법도 소개한다.

항암제로 살해당하다 ② - 웃음의 면역학편

후나세 슌스케 지음 | **기준성** 감수 | **이요셉** 옮김
신국판(양장) | 304쪽 | 13,500원

웃음이 몸과 마음을 치유한다!

《항암제로 살해당하다》로 센세이션을 일으킨 후나세 슌스케의 또 하나의 역작! 이 책은 신나게 깔깔거리고 박장대소하는 웃음마당이야말로 암, 당뇨병, 아토피 등 각종 질병을 절로 낫게 하는 기적의 묘약임을 다양한 사례와 자료를 통해 일목요연하게 보여준다. 즉, 각종 난치병 환자들에게 덜 고통스럽고 심지어 재미있기까지 한 웃음이라는 제3의 치유방법을 소개하는 희망의 메시지라고 할 수 있다.

대한민국 최초
웃음전문가
이요셉 교수의
웃음건강법!

항암제로 살해당하다 ③ - 암 자연치유편

(원제 : 암으로 죽었다면 110번에 신고를! 사랑하는 사람이 살해당했다!)

후나세 슌스케 지음 | **기준성** 감수 | **이근아** 옮김
신국판(양장) | 356쪽 | 15,000원

암 전문의 271명 중 270명, 자신이 암에 걸리면 항암제 치료 단호히 거부!

이 책의 원제는 《암으로 죽었다면 110번에 신고를! 사랑하는 사람이 살해당했다!》이다. 일본의 110번은 범죄신고 전화번호로 우리나라의 112번에 해당된다. 원제에서 느낄 수 있듯 이 책은 항암제의 한계와 위험성을 강력하게 고발하는 한편 암을 치유할 수 있는 대체요법과 항암제 치료로 피해를 입었을 때 법적으로 대응할 수 있는 방법 등을 소개한다.

한국, 일본 출간 즉시 베스트셀러!

스스로 고치는
당뇨병 건강습관

오비츠 료이치 외 지음 | **한나** 감수 | **박선무 · 고선윤** 옮김
신국판(올컬러) | 208쪽 | 12,900원

한순간에 증상이 개선되는
당뇨병 최신 치료법과 생활의 지혜!

당뇨병을 치료함에 있어서 혈당치 조절과 합병증 예방은 무엇보다 중요한 과제이다. 그러기 위해서는 균형 잡힌 식사를 하고 적당한 운동, 스트레스 조절, 금연 등의 자기관리가 필요하다. 또한 매일 자신의 건강 상태를 체크하는 것도 중요하다. 이 책에서는 당뇨병 예방 및 치료를 위한 식사와 운동은 물론 여러 가지 생활의 지혜를 컬러사진과 함께 알기 쉽게 소개한다.

누구나 알아야 할 당뇨병 기초상식!

출간 즉시
베스트셀러
암 분야 1위!

병원 가지 않고 고치는 암 치료법

후나세 슌스케 지음 | **기준성** 감수 | **이정은** 옮김
신국판 | 260쪽 | 12,900원

암은 몇 시간 만에 사라지는 경우도 있다!

《항암제로 살해당하다》(전3권) 시리즈로 한국과 일본에서 큰 반향을 불러일으킨 세계적인 의학평론가 후나세 슌스케의 역작이다. '병원을 벗어나서 대체 암을 어떻게 치료하느냐?' 라는 물음에 답을 들려주는 책으로, 암을 치유하는 다양한 대체요법을 소개한다. 웃음·온열·자연·채식·심리·자연주택·접촉·동종·운동·호흡·이미지·부항 등 자연치유력을 높이는 요법들을 알려준다.

병원 가지 않고 고치는 암 자연요법

기준성 · 모리시타 게이이치 지음
신국판 | 360쪽 | 15,000원

자연요법으로 골수성 백혈병,
말기 대장암이 나았다!

흔히 암을 조기 발견하면 완치가 되는 양 착각하는데, 도리어 조기 치료를 해서 조기 악화, 조기 사망하는 사례도 많은 실정이다. 현대의학은 조기 수술, 항암요법, 방사선 치료 등 의료수가가 높고 공격적인 치료 방법으로만 대응하여 그 한계를 드러내고 있다. 이 책은 생활습관병인 암은 잘못된 생활습관을 바꾸고 자연친화적 자연요법으로 치유가 가능하며, 그렇게 해서 나으면 결코 재발이 없다고 강조한다.

암을 고친
사람들의
체험기 수록!

알기 쉬운
맹 따주기 1초 응급처치

이수맹 지음
국판(올컬러) | 232쪽 | 19,500원

각종 질병과 증상에 따라
간단히 따주면 되는 응급처치 백과!

컬러사진을 보면서 누구나 쉽고 간단하게 할 수 있는 가정 상비서. 두통, 생리통, 감기, 치통, 급체, 야뇨증, 축농증, 불면증, 고혈압, 뇌졸중, 경기, 식중독, 변비, 요통, 천식, 현기증, 협심증, 혼수상태 등 80여 가지 질병을 증상과 연령, 남녀에 따라 사혈침(책 겉표지에 부착되어 있음) 하나로 손끝과 발끝을 간단하게 따줌으로써 위급한 상황을 극복할 수 있게 해주는 응급처치 지침서다.

수술없이 고치는
요통 3일 운동요법

전재형 지음
신국판(올컬러) | 164쪽 | 13,000원

생생한 컬러사진을 보면서 누구나
따라 할 수 있는 요통치료 길라잡이!

크고 작은 요통으로 고생하는 사람들이 비용도 많이 들고 회복기간도 더딘 수술에 무조건 매달리기보다 간단한 운동요법을 꾸준히 실행함으로써 수술 이상의 효과를 볼 수 있도록 안내해준다. 운동 시연자의 생생한 동작사진을 보면서 그대로 따라 하면 되므로 전문지식이 없는 일반 요통 환자들에게 더없는 안성맞춤 도서이다. 또 집에서 손쉽게 '자가치료'를 할 수 있는 방법도 소개되어 있다.